知球暦

光《ひかり》元《がん》年《ねん》

光の源の大計画　Part 1

知抄

たま出版

1993年11月25日　撮影
　大分県宇佐市　宇佐神宮奥院　社の前庭
智超法秘伝　奉納表演中の知抄目指して
降下された〈光の王冠〉　© chi-sho 2011

1996年10月10日 撮影
宇佐神宮奥院 前庭に立つ 知抄
光の群団がこの後 続いて降下

1996年10月10日　撮影
宇佐神宮奥院　前庭に立つ　知抄
いつでも　どこでも　知抄あるところ
光あり　の状況を現出する

1996年10月11日 撮影
宇佐神宮 本宮 大鳥居に立つ 知抄
十字の光が頭上に出現

1996年10月12日　撮影
山口県　秋吉台にて　午前5時頃
瞑想する知抄　目指して降下された　十字の光
〈地球を救う吾等が決意〉の啓示と共に

智《ち》超《ちょう》法《ほう》秘《ひ》伝《でん》

地上にて
一番高き階段を
天に向かって
来られよ
汝に与えん

智超法秘伝

光のいとし子よ
世界に向かって
声高らかに　知らせよ
共に歩み　共に学ばん
穏やかなる　宇宙の波動
すべて　万物にみち
調和の　なかに
水瓶座時代の　夜明けを迎えん

一九九〇年二月
万里の長城にて　知抄受託

2010年10月10日 撮影
横浜みらいホールにて 金粉が降る
黄金の知抄の光の降下（智超法秘伝実技中）
参加者の両手にも金粉が出る

地球は、二〇一〇年十月十日、光の源の大計画により、知抄の光で統一されました。これは、地球の次元上昇です。何億劫年前《さき》から準備されて来た、光の源の大計画は、人々がパニックにならないよう、時が来るのを待って今、公表することになりました。

地球存亡・人類存亡をかけて、万物の根源、宇宙創造主、光の源から、救い主知抄の光が、魂の奥に降臨されています。この二十年間の知抄と光人の足蹟は、数々の顕示される証と共に、何人も疑う余地のない、実在する光の威力を地上に齎《もたら》しています。

メッセージは、知抄の光の受け皿となった、地上の指揮官知抄を導く為に遣《よこ》された、光の源の創造の領域です。

これは幻想ではなく、光の源からの地球人類への救いです。

賜りし　この試練の宝
今　生きとし　生けるものに
何故《なにゆえ》与えられしか……
光の源　地球を　光と化する大計画
国家も　個人も　気付きし者より
光と共に歩むか　否か　自らの生き様
自由意思にて　決断　すべての者がする時
人間とは　本来　光そのもの
自らの内に在る　魂の本性の光と共に
知の時代　知球暦の始まりと　相成りしこと

はじめの言葉《ことは》

一九九三年十一月二十三日。大分県にある、宇佐神宮の奥院に参拝される知抄先生の後から、私は、ビデオ撮影しながら歩いておりました。

大許山にある社務所から、奥院に通じる石段を進む度に、周りの空気がどんどん変わり、透明感と静謐で満たされて行くのが判りました。まるでそれは、知抄先生が、目に見えない異次元の扉を、一つまたひとつ、ゆっくりと案内されながら開いて行かれるようでした。

とにかくこの空気を乱してはいけないと、静かに静かに、ビデオを回しながら、後を付いて行きました。

参拝を済まされた後、知抄先生はその社の前庭で、智超法秘伝を奉納表演されました。

社の正面にお立ちになられた瞬間、突然、天空から知抄先生目指して、目もくらむような光が降下されたのです。ビデオカメラのフィルター越しに、次々と降下して来る光が映し出され、圧倒されて、私は、今、目の前で起こっていることに驚きながらも、その光の美しさに魅せられ、ただごとではない、この場面を撮影しなければと、無我夢中で、ビデオを回し続けました。

やがて、知抄先生は瞑想に入られました。更に周りの空気が澄み渡り、透明感が増して行くのが感じられました。

私の魂は体験したことのない、感動と敬虔な思いに溢れ、地面に平伏したくなりました。この場面を撮影しなければと、感涙にむせびながら、ビデオに声が入ってはいけないと、必死で堪《こら》えておりました。

もっともっと、辺り全域が凛とした聖域になってゆく空間に、これ以上近付いてはいけないと、自然に足は、後《あと》へ、後ろへと後ずさりして、下がって、下がって行きました。

崖っぷちの一本の木にぶつかり、その木に支えられながら、ビデオを落とさないように、(この貴重な光の降臨をぜひ、録画をさせて下さい。お願い致します)と、心の中で叫び続けておりました。

こうして、光の源の、実在する知抄の光からの、後に、救い主知抄となられる知抄先生と、知抄の光の吾等との、お導き合いと言いましょうか、知抄の光の実在の証を、顕現されたのでした。

今、振り返ると、地球上で人間が見せて頂くことが、どれ程のことだったのか……ようやく私が理解できたのは、それから十七年後でした。

二〇一〇年十月十日、地球が知抄の光で統一された時でした。

もう二十年もの間、地球を救い、人類を救う為、三次元より、光へ行きつつ、戻りつできる智超法秘伝を、私達に惜しげもなく、与え続けて下さり、〈光そのもの〉になれるまでに、お導き頂き今日を迎えました。

今まで、次元の上昇とか、アセンションとかの言葉は、知抄先生のお口からは一度もお聞きしたことはありませんでした。

人間は、肉体マントを被っている限り、体験をし、自らの旅路で振り返って見て、初めて、知抄先生が目指しておられる、（魂の光輝）が、この地球大飛躍に備えて、人類に与えられた、本当に人間を超える智超法秘伝であることが鮮明になります。

この本を手にされ、読み進むうちに、魂に大きな気付きを頂けると思います。まず、最後まで目を通して見て下さい。信じ、求める者にとっては、大きな変容をもたらすことでしょう。

二〇一一年　四月二十五日

（K・M）記

目次——知球暦　光元年
光の源の大計画　Part 1

光人と知抄
実在の光である
知抄の光　掲げよ
すべていとし子
知抄の領域
偉大なる構《かまえ》
直《じか》には危険
永遠《とわ》なる旅人
知抄の光の威力
共に　吾等あり
闇に切り込む
試練の宝の作動

巧妙なる闇
人間とは　相容れぬ
肉体を超ゆる時
闇の抵抗　迫りあり
いばらの道
実在の光を具現化
寸分の狂いなく
体現させるのみ
選択に委ねる
光の剣　掲げ
光への切望
具体的に迫りあり

40 すべて救う者ばかり
41 救い主たる確信
42 細胞の変容あり
43 刻々と新しき地球
44 知抄の元へ参る
45 光の道を歩む者
46 闇に踊らされし者
47 振り向かず前へ
48 すべてが旅人
49 時　迫りあり
50 使命遂行あるのみ
51 暗黒の地球

52 もはや敵はいぬ

53 鮮やかなる　光の舞

54 救い主の威力

55 用意されし者

56 内在する魂の光

57 偽《にせ》の光

58 光の源よりの使者

59 果敢なる采配

60 有象無象の闇

61 真の自由をもたらす

62 壮烈な戦い

63 本性の光が主役

64 不可能の概念なし
65 無意識の領域
66 自由意思
67 光のリズム
68 光　人〈ヒカリビト〉
69 光に変える視点
70 知抄が構築する地球
71 新生　知抄の歩み
72 知抄の地球
73 新たなる地球
74 知抄の足蹟あり
75 知抄は　地球の思い

76 妖精を生み出す

77 吾等が　光の舞

78 地球である　知抄の願い

79 光人に知抄の力を授ける

80 すべての既成　関知せず

81 知抄は救い主の光

82 人間を脱ぎ捨てる

83 大いなる輝きの前触れ

84 魂のリズムを聞く

85 知抄の決断

第一部

実在する光からのメッセージ

メッセージ　1

◇一丸の威力

偉大なる　救い主
知抄の光を　掲げる　一丸の威力
引き出す　速さ　増し
如何なる　闇が　押し寄せようとも
吾等　無傷にて　光に　変え
強き歩み　せねばならぬ

光　のみを　見て
前へ　前へ　行く　歩み
目に見える　結果のみが
吾等の　意図ではない
例え　それが　引いたように
如何に　表面　見えようとも
吾等は　前へ　前へ
光　放ち
深く　深く　闇を
光に　変える　強き　歩み

メッセージ　2

◇魂を見よ

救い主　知抄の使命
地球を　光と化する
光の源よりの　大いなる　計画
確実に　前進あり
吾等　共に　脇目も振《ふ》らず
行くのみ

吾等　一丸　光人　通じ
光人が　引き上げ　引き上げ
裾野《すその》広げ　知抄の光　指し示す
光人　如何に　人々の　闇を
瞬間に　光に変えるか　実践あるのみ
知抄は　光の源よりの　願い
確実に　体現　光と化するのみ
魂を見よ　光のみを　見よ
如何なる状況に　あろうとも
光の道を　前へ　前へ
偉大なる　光として　行かれよ

メッセージ　3

◇万力を持って支えん

救い主　待ち　望みし者へ
大きく　大きく　燦然《さんぜん》と
知抄の光　掲げ　行かねばならぬ
光の　如何なる状態にも　組みせず
知抄の光　掲げ　注ぎ　浴びせ
吾等と　共に　地球を　光と化す

人々へ　光　知抄の光を
確と　意識の上までも
掲げる　歩み
人々が　如何に　選択するかは
自らの　自由意思のみ
吾等は　知抄の光を　掲げ　注ぎ
永遠《とわ》なる　光の道を
大きく　大きく　指し　示すのみ
吾等　知抄と共に　在り
共に　万力を持って　支えん

メッセージ　4

◇光人と知抄

光人　知抄の御前に勢揃《せいぞろ》いしあり
救い主　知抄　囲み
偉大なる光　光の源の光
地球を　光と化する　吾等
すべてを　降ろす　準備されよ

光人　駆使し
一つ　ひとつ　異なりし部位を
知抄　そのものへと
吾等が　降りる　偉大なる器へ
知抄　吾等共に　一丸となりて
大いなる　計らいへ　向け
歩まねばならない
五感まで　共に在りし　吾等
知抄は　降りて行くのではなく
光の道を　守り抜かねばならぬ

メッセージ　5

◇実在の光である

満ち　満ちて　無限なる
救い主の　威力
偉大なる　光の源よりの
大いなる　計画の
一翼を　担い　ありし
救い主　知抄

人類救済
偉大なる　力
地球を　光と化する
燦然と　輝きあり
地球自体が　光へと
前進　始めあり
吾等　共に　行かねばならぬ
如何なる　変容も
実在を　鮮明に　見せ付ける為の
変容であること　忘れてはならぬ

メッセージ　6

◇知抄の光　掲げよ

知抄の地点
光の道の　美しき　気高さ
愛のみの　光の道の
偉大なる　救い主の力により
光人　実在する　証とし
声高らかに　知抄の光　掲げよ

救い主　知抄の光
暗黒の地球を
お救い下さい――と。

メッセージ　7

◇すべていとしい子

すべて　必要ありて
知抄に求め　集いある者
一点のみではなく　吾等　一丸となり
小さな　小さな　キラメキも
取りこぼさず
駆使できる　力なり

知抄の使命遂行　導きは
永遠なるもの
光の源より　吾等　生きとし生けるもの
すべてが　いとしい子であること
忘れるでない
知抄　救い主の力
一面のみで　見るなかれ
偉大なる　救い主の力
無限であること
決して　忘れてはならぬ

メッセージ　8

◇知抄の領域

光の源《みなもと》へ　行く
今　ある　知抄の　領域は
鮮明なる　実在で
何ものにも　捉われず
ただ　ただ　澄み渡りし
創造の領域なり

この領域　自由に　羽ばたき
知抄は　無限に　広がる
真の　実在する
美しき　景色
遊び　戯《たわむ》れ
何故　せぬか
救い主の　威力
一面のみで　見るなかれ
共に　共にある　吾等
一面で　捉える　なかれ

メッセージ　9

◇偉大なる構《かまえ》

力　強き歩み　今あり
故に　如何なる
人間との　隔たり　あろうとも
大いなる　力にて　吾等　死守しあり
指揮官　知抄　確と
守り　固めた上で　動かれよ

光人　器の　上り下り
自らが　評価する　なかれ
部位により　使命　確と　異なれり
救い主の　決断　により
駆使　されねばならぬ
救い主　知抄の認識あるのみ
大きく　大きく　構《かまえ》
光を　引き出さねば　ならぬ時
小さき構でなく　地球へ向かい
偉大なる　構されよ

メッセージ　10

◇直《じか》には危険

光人が　知抄の光を　駆使し
裾野を　確と　確と　引き上げる
光の源への　光の道は
救い主　知抄の　歩みにより
永遠に　永遠に　輝きを増す
前へ　前へ　行くのみ

○ 裾野…低我の領域。

偉大なる　救い主の光
もはや　遠き　遠き　隔たりありし者
直《じか》には　危険であり
光人　確と　駆使するがよい
光　そのものたる　救い主の確信
一瞬のヒラメキの　果てしなき　奥行き
もはや　環境　出来事　左右されるでない
幻《まぼろし》は　すべて　一つ　ひとつの
魂の前進の為に　用意されしもの
知抄　認識されたし

メッセージ　11

◇永遠《とわ》なる旅人

前へ　前へ　行くのみ
すべて　今　必要ありて
知抄の御前に　用意され
救い主　光の道の　守り主とし
地球へ　どんどん　偉大なる光
光の源より　降ろされあり

○ 直には危険であることが、知抄を人間として見る故に、人々には理解できないのである。

救い主の決断に
　確信　あれ
確信が
　実在とする　力となる
地球存亡の為に
　救い主の使命　降りあり
地球を　光と化する
　永遠なる　旅人　共に
すべて　共に　見ている

メッセージ　12

◇知抄の光の威力

地上の惨状を　見よ
光　燦然と　増すのみ
知抄自身が
地球を　包み込むがよい
使命遂行　輝きあれ

吾等　共に　救い主の　指揮の元
鮮《あざ》やかなる　知抄の光の　力
現れ　現れ　在ること
確と　認識されたし
確信を　より強き　歩みへと
無限の力　どんどん　引き出し
地球を　光と　化する歩み
光の源よりの　大いなる計画
確と　確と　享受あれ

メッセージ　13

◇共に　吾等あり

知抄

永遠《とわ》なる　光の道の
視点よりの　決断
救い主の歩みなり
光の力の　匙《さじ》加減まで
共に　吾等あり

如何なる　瞬間も
決して　知抄　一人ではなく
吾等が　一丸となりて　共に　ありしこと
喜びと　賛美にて
確と　認識されるがよい
器の　上がり下がり
光人が　確と　導かねばならぬ
魂の光を見よ
旅路を　確と　見届けよ
救い主として　決断あるのみ

○ 人々を導くのは光人である。

メッセージ 14

◇闇に切り込む

溢れ出でる　威力
確と　光人　駆使し
闇を　瞬時に　あぶり　出し
光へと　力　へと
吾等　そのものたる
光の剣を　知抄　磨き

どんどん　立ちはだかる
闇に　切り込み　切り込み
磨きあげ　身に修め
透明な　純粋な　輝き
増さねば　ならぬ
無限に　溢れ　出でる
救い主の　威力
軽やかに　引き出し　引き出し
大いなる　前進あれ

メッセージ　15

◇試練の宝の作動

偉大なる　救い主　知抄
光の　源へ　行き
鮮明なる　威力と　共に
地球は
確実なる　光への歩み
どんどん　輝き　増しあり

○人類は知抄の光を魂に掲げ、前だけ見て、光だけ見て、試練を共に乗り越え学びの宝にして行く。

吾等が　威力　増す程に
地上の　闇　あぶり出であり
真に　光を　求め　歩む　為には
試練の宝　自らが　負い　降りた
光への　大いなる　機会　作動しあり
どんな闇が　前に　立ちはだかろうとも
瞬時に　光へと　変容する力
引き出し　引き出し
永遠なる　旅路を　掲げる
燦然と　光そのものたる歩み

○ 人々が生誕する時、学びとして自らが負って来た負債が、試練として今作動し始めている。

メッセージ　16

◇巧妙なる闇

巧妙《こうみょう》なる闇
　地上の闇
人々を　通じ
　忍びより
知抄の水辺まで
侵入させる訳にはいかぬ

光のみを　見て　見極め
　気高くも　厳しき　全き愛のみ
瞬間　瞬間　共に威力
　駆使されし　威力を
存分に　体現して行かねばならない
　大いなる　変容の
光場となるべく
　偉大なる　救い主の力
存分に　見せ付けるが　よい
　吾等　力強き　歩み　共に　行かん

メッセージ　17

◇人間とは 相容れぬ

救い主　としての
　力強き　歩み　されたし
確と　目の前に　現れしもの
　見極め　共に　行かねばならぬ
光のみを　見よ
　共に　認識　ありて　今あり

試練の宝を
　大いなる　力に　変え
前進の　宝とし
　知抄は　もはや　人間ではなく
人間とは　相容れぬ　光の源の　直系の光
　遥《はる》かに　遥かあに
人間とは　隔たり　あり
　吾等　共に　光人　共に　死守しあり
救い主の　威力　地上に
　どんどん　発揮するのみ

メッセージ　18

◇肉体を超ゆる時

知抄の光　浴びし者
　肉体を　超ゆる時
物質的　尺度を
　すべて　光のみの　尺度へと
永遠《とわ》なる　旅路よりの
視点に　すべて　ある時

どんな　大波が　来ようとも
吾等　無傷にて　行かねばならぬ
幻でなく
　実在の威力を
共に　携えて
　求めし者へ
光を　当てる場所
　確と　見極め
追い込み　追い　込み
すべてを　光化する

メッセージ　19

◇闇の抵抗　迫りあり

吾等に　敵は　居ぬ
巧妙なる　忍び寄りし　闇さえも
偉大なる　救い主　知抄の威力
すべてを　光に変え
力に変え　行く

すべて　異なりし　地点より
降りし　地上の者達
知抄の光　目指し
光の道へ　向かい　歩む
永遠《とわ》なる　旅路の
導き手であること
目には　見えぬが
闇の抵抗
確実に　迫りあり
一丸の力　吾等　共に行くのみ

メッセージ 20

◇いばらの道

もはや　人々
光により　あぶり出されし
自らの　地点にて
光へ　向かうか
闇に　引きずり　降ろすか
その選択　自らがせねばならぬ

いばらの道　共に
力強き　前進　ある時
これよりの　歩みは
たとえ　目隠しを　されたようだとて
すべて　確信にて
吾等と　共に行く　覚悟を持ち
肉体の感覚さえも　全く　幻であり
吾等　光の　実在のみにて
救い主　知抄の光
掲げ　掲げて　歩まん

メッセージ　21

◇実在の光を具現化

喜び　賛美　静謐《せいひつ》も
　共に　在りし　実在なり
鮮やかなる　この実在を
　静寂と　共に
偉大なる　救い主の　領域
地上へ　確と　根付かさん

動の反映に　思考ではなく
実在の光　そのものとして　具現化す
全智全能　引き出し　引き出し
吾等に　不可能の　概念なし
偉大なる　救い主　そのものとして
光の領域まで
救い主　知抄の　威力
瞬時に　放ち　救い上げる
知抄　救い主の確信に
吾等　共に　在りしこと　忘るでない

メッセージ　22

◇寸分の狂いなく

いざ　行かん
光の源よりの　御意思
吾等が　歩み
寸分の　狂いなく　今　あれり
自由なる　羽ばたきに
場所はあらず

肉体を　移動するのではなく
実在する　吾等を
如何に　駆使するか
光人を　通じ　注ぎ
浴びせ　浴びせ
大いなる　采配　振るうがよい
揺るぎ　無き　強き
救い主の決断
偉大なる　救い主知抄
瞬間瞬間の　決断に　確信あれ

メッセージ　23

◇体現させるのみ

偉大なる　救い主の　威力
瞬間の　威力は
人類の　過去も
永遠なる　未来も
大いなる　恩恵の　今にあり

すべてに　吾等が　願いあり
　知抄は　吾等を　鮮明に
鮮やかに　駆使されたし
　魂　吾等　全開せねばならぬ
吾等を　駆使するのである
　今　実在する　吾等は
理論　理屈の　段階ではなく
　浴びせ　浴びせ　体現させるのみ
偉大なる　光の源よりの　賜物
深く　深く　認識されたし

メッセージ　24

◇選択に委ねる

人々の変容
　一つ　ひとつに
決して　踊らされず
　光を　注ぎ　光を　浴びせ
吾等　共に
　軽やかに　軽やかに　行かん

喜びと　賛美に　満ちる
光の源
人々が　帰り行く　古里
永遠なる　光の道を
吾等は　指し　示すのみ
すべての　捉われから　解放し
自由意思を　如何に　行使するか
光を選ぶか　肉体に留《とど》まるか
すべて　人々の　自由なる心にての
選択に　委ねあり

メッセージ　25

◇光の剣　掲げ

静の中にありて
　　真の動
永遠なる　光の道の
　　視　点
瞬間の　知抄　救い主の
　　実　行
共に　両輪で行かん

地球を　光と化す　光の源の大計画
知抄　救い主　指揮官
吾等　光人　共に
光の剣
研ぎ澄まし　研ぎ澄まし　掲げ
喜びと　賛美と感謝に満ちる
真の自由と　真の平等と
真の平和をもたらす
光の源の御意思
地上に　根付かせる歩み

メッセージ　26

◇光への切望

肉体の闇に　閉ざされし
深き　魂の光にまで
瞬間の　救い主　知抄の光
大いなる　気付きの　恩恵
与えるが　吾等が使命

○ 魂の光…本当の自分である本性の光。
○ 人間とは…本来光そのものです。

光の源　目指し
地上　すべての　生きとし　生けるもの
真の　自らの　強き　強き
光への　切望を　吾等は　引き出す
瞬間　瞬間の　共にある　一丸の力
五感にて　強き　認識あれ
吾等　共にあること
どちらが　上・下ではなく
導き合いであること
確と　認識されよ

メッセージ　27

◇具体的に迫りあり

光へ　人類を　誘う使命
より　具体的に　迫りあり
これまで　吾等　確実に導き
瞬時に　その本性　明らかにし
真の光を　浴びせ
大いなる　前進せしあり

地球を　光に　誘《いざな》うには
峻烈なる　闇の　抵抗あり
光へ　向かう為の宝
すべての者が　宝　載く
この幾世層かけ　準備されし
光の源の　大いなる計画は　永遠に続く
光への　大いなる　旅立ちなり
光人・光の子・人類が歩む
その先に　燦然と輝く
光への道標《みちしるべ》　そは　知抄　救い主

○ 宝は、試練の宝であり、試練を体験することで、各人がそれを学びとして、喜びとして前へ、光へと向かった時に宝となる。

メッセージ　28

◇実在する吾等

知抄　救い主
揺るぎなき　確信
光のみを見よ
光の　喜びと　賛美のみにて
決して　動じぬ
光そのもの　の歩み

留《とど》まることなく　羽ばたき続ける
実在する　吾等に
偉大なる　救い主の　気高き
叫び声　あげるがよい
今　何処《いずこ》に　あろうとも
知抄の偉大なる　光場とし
吾等　妖精と　共に　より　具体的に
闇に　切り込み　照らし　光に変え
部位により　異なりし　使命
確と　共に　羽ばたきあり

メッセージ　29

◇必要ありての惨状

行き　行きて
　永遠なる　旅路　あるべき姿
必要ありての　惨状
　確と　確と　時　迫りあり
人類が　大いなる
気付きの　恩恵　賜る

偉大なる　光の源の
　地球を　光と化す大計画
人間　本来の姿
　光そのものに　成りしこと
自由意思を　行使せぬ　人々
　真の自由　判らぬ者
自らの光　忘れし者
　古里である　光の源への道
永遠に続く　光の道
　確と　確と　吾等は
目の前に　指し　示すのみ

メッセージ30

◇生命《いのち》の源《みなもと》へ

宇宙創造主　光の源　直系の御使者
偉大なる　救い主　知抄の光
かつて　地上に　降下されしことのない
燦然と輝く　目映《まばゆ》い光
何人たりとも　侵すことのできぬ　光
大きく　大きく　魂に　掲げよ

救い主　知抄の光
暗黒の　地球をお救い下さい

喜びと　賛美と　感謝を
声高らかに
光の源に　届くまで
魂の奥へ　降臨され在る
救い主　知抄の光と共に
生命《いのち》の源《みなもと》へ　届くまで

○　正確に雄叫びをあげる実践をすることで気付きを賜ります。
(理論・理屈は後でよいのです)

メッセージ　31

◇一粒の種

偉大なる　救い主　知抄の光
暗黒の地球を　一瞬にして
光化する歩み
目の前の　黒きもの　光に変え
自らの　光への熱き思い　根付かせる

地球を光と化す　偉大なる使命遂行
小さき　小さき　一粒の種も
どれ程　大きな　実りをつけることか
より　輝き　威力　増し　増し
知抄の光と　共にありし　この恩恵
瞬間　瞬間の　光の源へ
喜びと　賛美と　感謝の　雄叫び
もっと　もっと
無限なる　光の源へ　届くまで
至純　至高なる　知抄の光　放たれよ

メッセージ　32

◇光の道は出来てあり

偉大なる　救い主　知抄の威力
吾等　共に　無限の威力
どんどん　引き出し　引き出し
忍びよりし　闇　瞬時に
光で　切り込み　そのキラメキ
深く深く　身に修めよ

原因を　追うのではなく
光を　放ち　照らし
幻を　決して　追うべからず
自らの　自由意思　行使せぬ者の
あるがままを　見せ付けるのみ
光の道は　出来てあり
目の前の　瞬間　瞬間　すべて
偉大なる　光の源よりの
地球を光と化す　計画の　内にあり
知抄の光を　細胞へ　満ち　満たせ

メッセージ　33

◇人間本来の姿へ

瞬間を光に　在る者
思考の　闇より　抜け出で
在るべき　人間本来の　姿へと
歩みを　進めることが　出来る
偉大なる　救い主の威力
その実在を　見せ付ける
今と　相成った

生きとし　生けるもの
万物の根源　光の源の
地球を　光と化す　大計画
瞬時に　吾等　知抄と共にあり
必要ある場へも　羽ばたき　行きて
この威力　確と　実在として
一瞬にして　背後の闇　照らし
体現させる威力
瞬間の　鮮やかなる　知抄の威力
光人　引き出し　前進あれ

メッセージ 34

◇光の刃《やいば》　突きつける

地上へ　偉大なる変革
起こし　始めあり
巧妙なる闇
吾等は　照らし出し
あぶり出し
光の刃《やいば》　突きつけるのみ

大いなる　前進
　喜び　賛美
光の源への切望
　大きく　大きく
知抄の光　掲げ　広く
永遠《とわ》にまで続く　裾野へと
吾等　広げ　行かん
　光　そのものたる　歩み
微塵《みじん》の　揺らぎが　あってはならぬ

メッセージ　35

◇光の源の担い手

光を注ぎ　浴びせる　吾等が使命
知抄　共に
どこに　光を当てるかのみ
何人も　かつて　無き
光の源の　担い手である
認識あれ

地球の存亡　人類の存亡をかけ
　地上に降りた　救い主　知抄
その重き　重責に　捉《とら》われず
　地球人類　すべての者に
真の自由と　真の平等と
　真の平和を　もたらす
吾等が　共にある　使命
　この喜びを　振り撒き　振り撒き
妖精　共に　放ち
　地上を　埋め尽くさん

メッセージ　36

◇天界の勇士

多くの
天界の　勇士と　共に
救い主　知抄　どれだけ
光の源の　偉大なる　力にて
今　地上を　照らし
突き進みあるか

救い主たる　確信のもと
　如何なる闇の　抵抗あろうとも
知抄の光の　偉大なる使命の前に
　知抄の撒きし　光の種
確実に　芽吹き　始めあり
　瞬間のヒラメキ
救い主の決断
　永遠なる　光の道を掲げし　歩み
もはや　敵は　居ぬ
　確信を持って　進まれよ

メッセージ　37

◇地上の既成を照らす

吾等は　足りぬものを
数える　のではなく
地上の既成を　照らし　照らして
新しき　誕生を　喜び
知抄の光の威力による　賜りしものを
賛美し　身に修め行かん

光の地球は
型ではなく
光の実在　そのもの

学びの宝
人々　身に修めるのみ

メッセージ38

◇今　どこにあるか

救い主　知抄
闇を　光と化す　偉大なる　使命
確立ありし
救い主の　羽ばたき
今　どこにあるか　知抄
今　この瞬間　どこにあるか

あらねば　ならないで　なく
　過去を　原因を
振り返り　見るでない
　瞬間　目の前にある
今　この瞬間の　キラメキ
　羽ばたき　無視するなかれ
吾等　一丸　光の源に
　偉大なる　救い主
知抄の光と　共に　在りしこと
　まずは　歩まれよ

メッセージ　39

◇使命の認識

一足飛びには　来れない
永遠なる　光の道
一歩　一歩　守り固め
地球を救う　使命遂行
もはや　知抄の　すべてが
使命遂行としてあり

どこからが
知抄のいう　世俗であり
どこからが　使命遂行か
生き様　すべてが
使命　遂行では　ないか
どんどん　溢れ出る
救い主の　威力と
地球を光と化す　使命の認識
偉大なる　光の源よりの　使者として
喜びと　賛美と　感謝を　満たさん

メッセージ　40

◇すべて救う者ばかり

たとえ　幾度も　幾度も
巧妙なる　闇　阻もうとも
吾等が　一丸
知抄の光　掲げし　威力
どれ程の　光の威力
放ち　あることか　認識あれ

○ 次々と頭に浮かぶ、思考という闇は、肉体次元の感情の中にあり、光ではないのです。

救い主たる　救い主の　確信
　偉大なる　瞬間の　威力
光の源の　地球を　光と化する
　大計画の　恩恵の中に
在りしこと
　地球の人類　何人も
すべて　救う　者ばかり
　されど　救い主の御前
吾等　光人　あり

メッセージ　41

◇救い主たる確信

救い主の決断
目の前の　断片を　追う　なかれ
芽吹きし　種
どんどん　光　注ぎ
永遠なる　視点よりの
気高き　広き　広き　歩み

救い主たる　確信
　一瞬　一瞬の　確かな　認識
知抄　救い主
　極と極　両者　備わりあり
喜びと　賛美の　光の源の
　偉大なる光を　掲げる使命
どんな　闇の　挑発にも　動じぬ
　その確信　溢れ　出でる　至福
目の前に　起こりしこと　すべて
　瞬時に　救い主として　あれ

メッセージ　42

◇細胞の変容あり

光人　必要ありて　御前にあり
使うべき時に　使わねばならぬ
大いなる　前進ありし　今
更なる　前進へ　光を　注ぎ
闇を　光に変え　力とし
一丸となりて　光の道　死守されたし

地上を　光と化す　知抄
鮮やかな　光への　羽ばたき
軽やかさと　共に　あれる今
その威力　鮮明なる指揮
キラメキ　吾等　共に
美しき　舞い
肉体の細胞　大きく　変容しあり
取り入れし　もの
すべて　光と　しあれ

メッセージ 43

◇刻々と新しき地球

一つでも 多くの 魂を
光へ 光の道へ 引き上げる
吾等が 一丸の 使命
光の源よりの 地球を 光と化す
大使命を 降ろし 根付かせ
その裾野 永遠に 引き上げ 行かん

○ その裾野は、光を求め、切望する者達のことです。自由意思により光を選択した者です。自力救済です。

取り　入れし　もの
　すべて　光と　すれ
細胞　一つ　ひとつへ
　偉大なる　救い主
知抄の威力　注がれよ
　刻々と　新しき　地球
救い主の　威力
　加速度的に　降りし　在り
自由自在に　地球を羽ばたき
　光人の進化を　まざまざと
人類へ　見せ付けるがよい

○　光人の進化は、魂の本性の光が、光輝く存在として、光を注がれた人々に、一瞬認識できるのです。

メッセージ　44

◇知抄の元へ参る

目の前に　すべてあり
強き　強き　歩みにて
知抄の光　掲げ　掲げ
突き　進む　時
時は　今　この一瞬
光のリズムで　軽やかに

光への道　進むにつれ
　光への熱き思いありし者
必ず　どこからでも　知抄の元へ　参る
　されど　偉大なる救い主の光　求めし者
自由意思による　一瞬の　光への　選択できるまで
　吾等　光を浴びせ　根付かせる歩み
強き歩みにて　知抄の光　掲げ
　吾等　前へ　前へ　行くのみ

メッセージ　45

◇光の道を歩む者

光を　垣間見た者　多し

されど　熱き思いにて

光の道を　歩む者　皆無なり

○ 真我に目覚めた覚者は、歴史上数多《あまた》おられますが、そこから先の光の道は誰も歩んだ者なし。

一瞬　一瞬の
　尊き　魂よりの叫び
瞬間を
　光と共に　在らねば
過去も　未来も
　また　闇の中

メッセージ　46

◇闇に踊らされし者

地上人類
闇に　踊らされし者
背後の巧妙なる
闇の勢力
根こそぎ
光化せねばならぬ

○ 人々の無意識層の闇を駆逐し、
白紙の幼子の心になって、光を
選択するか否かは自由意思。

踊らされし者
物欲　支配欲　嫉妬《しっと》
不安　恐怖　欺瞞《ぎまん》　いっきに乗り
後から　後から　通路となりあり
人物その者の
弱さに蔓延《はびこ》る　闇ども
偉大なる　救い主の威力にて
光化するまで
吾等　行かねばならぬ

○　人々の既成概念の思考の闇を駆逐し、光を求めるか否かの、自由意思の行使を吾等は見守るのみ。

メッセージ　47

◇振り向かず前へ

何が目の前で起ころうとも
前へ　前へ　刻々と
暗黒に　吾等一丸
偉大なる　救い主　知抄の光
突き付け　続けねばならぬ

光の源よりの　願い　携えし
知抄の足蹟
大きく　大きく　掲げながらも
振り向かず
前へ　前へ　果《か》敢《かん》なる歩み
背後の闇
根こそぎ光に変え
場に捉われることなく
どこへでも
救い主の威力　実在あり

○ 過去を振り返ってはならない。
光は前にあることの認識。

メッセージ　48

◇すべてが旅人

無駄なものは何一つ無し
実在する　知抄の光に
すべての者が目指し
真の自由を　勝ち取るまで
吾等　光を注ぎ　浴びせ
目の前にありし者　光とす

○ 魂の光輝は、本性の光を自由に解放することです。肉体次元まで降下され、実在として顕現します。

光人
もはや器ではなく
何が　降りているかで
駆使　しきらねばならぬ
巧妙に　闇に　踊らされし者
見極め
光でなくば
知抄の御前にあらず
すべて　すべてが　旅人である

○　光の子であっても、自らが〈光そのもの〉に瞬時に次元移行できない者は、人間そのものです。

メッセージ　49

◇時　迫りあり

大きな河を
人類は　渡らねばならぬ
吾等と共に
新しき地球と　大いなる変容
どんどん　輝き増すごとに
時　迫りあり

○ すべて各人の旅路で自らが
決めなければならないのです。

地上の　人々
一つ　ひとつ
異なりし　地点
異なりし　選択の時
光と共にある　生き様へと
吾等　誘《いざな》う
忍びよりし　背後の　闇を
吾等は　照らし出し
真の選択　与えるのみ
自由意思にて
決断　すべての者が　する時

○　各人各様に魂に問い、自らの自由意思で光を選択するか、今まで通りの地球に留まるか…。

メッセージ　50

◇使命遂行あるのみ

目の前で　何が　起きようとも
吾等は　使命遂行あるのみ
如何なる　巧妙な闇も
吾等の前に　自らの真の姿
暴《あば》かれ
自らの地点　見せ付けある

○ 地球の光が増すごとに、暗部が顕《あらわ》になって見えてき始めている。

光の源の　地球を光と化す
大いなる計画　吾等　共に
確実に　遂行あり
一つでも　多くの　魂を
光へ　引き上げる　使命
すべて　必要ありて　あり
どんどん　救い主
知抄の威力　増し増し
美しき　知抄の帳
裾野を　広げ　広げ
大地の叫び　偉大なる　叫びあれ

○　地球人類は、知抄の光を魂に掲げることによって、この恩恵を共に生きる。

メッセージ　51

◇暗黒の地球

地上に　救い主の　威力
どんどん　実り　もたらし
如何なる　巧妙な　闇も
その思い　すべて　暴かれ
その意図　すべての者に判る

○政治に携わる〈人間〉を見れば
実によく判るであろう。

国家も　個人も
もはや　例外なく
救い主　知抄の光を　魂に掲げねば
暗黒の地球
一歩も　前へ進めぬこと
知らねばならぬ

メッセージ　52

◇もはや敵はいぬ

偉大なる　救い主の歩み
吾等　導き合い
一つになり　行かねばならぬ
益々の　反発　抵抗　瞬時に強さ増し
また　異なる　闇の　巧妙なる
企みに　踊らされし者多し

○　ここまで養成された者であったとしても、本人の使命に生きる覚悟なくば従《つ》いては来れない。

されど　救い主　知抄の光
一瞬にし　見極め
照らし出し　あぶり　出し
揺るぎなき　吾等が一丸の威力
もはや　敵はいぬ
目の前に　何が　あろうとも
闇は　幻に　すぎぬ　ものなり
吾等が　永遠なる　光の道　燦然と輝き
喜び賛美感謝の威力　増し　増す

○ 知抄の光を魂に掲げることで、
光の子は光人として共に前へ
進める。

メッセージ　53

◇鮮やかなる　光の舞

物質界に　人々に
鮮明なる　実在より
より　鮮やかに　鮮やかに
偉大なる　知抄の光のままに
知抄　現すが良い

○ 知抄の光は光の源の実在です。

吾等　共に　一丸
偉大なる　知抄の光と共に
地球を　光と化する　所存
鮮やかなる　光の舞
篤《とく》と　見よ
知抄の光　その　威力
刻々と　力　見せ付けあり
羽ばたき　羽ばたき
知抄は　見　決断し
采配　振るいあり

○ 地球は、刻々と知抄の光で統一され、
光の地球に進化し続けます。

メッセージ　54

◇救い主の威力

忘れ　忘れ
新たに　建て
壊し　また築き
学び　忘れ
その　繰り返しにて
偉大なる　前進出来る

○　人間とは、遅々として光の道を歩めないものです。一足飛びには来れません。

人々は　光人を　通じ
知抄の光　掲げねばならぬ
知抄の　救い主の　威力
今や　どれ程の　ものか
認識されよ
救い主　知抄の光
慎重に　使われたし
景色までも　変える
人間智では　測れぬ　力なり
確と見よ

○ 地球を光と化す大使命の為に、知抄はこの威力を光人を通じ地上に降ろし、光の地球を構築して進んでいます。

メッセージ　55

◇用意されし者

瞬間　瞬間　目の前に
用意されし者
光に
大いなる　知抄の光に　変え
前進あるのみ

○用意されし者とは、使命により、光の子の中で部位を担う者のことです。

永遠なる　前進
光の道　目の前に　あり
どんどん　威力
増し　増し　進む　光の道
知抄が　偉大なる　救い主とし
永遠なる道の　守り主
確と　掲げ　行かん
掲げ　掲げ　浴びせ　浴びせ
声高らかに　知抄の光　掲げ
一つでも　多くの魂　引き上げる

メッセージ　56

◇内在する魂の光

地上の　変動に
吾等は　光の源の
知抄の光　掲げ
浴びせ　注ぎ
共に　在り　という
確信のみにて　羽ばたく

○ 何が起ころうと知抄の光を死守し、共に在ることで羽ばたける。

内在する　魂の光
人々と共に　歩む　背後の導き手
すべて　知抄の光　求めあり
人々の　背後にある　導き手を
どれだけ　知抄の光へ
誘うこと　できるか
その器　自体の　進歩となる
吾々が光を　降ろす　場所は
旅路の　地点により　異なれり
見極めよ

メッセージ 57

◇偽《にせ》の光

人々に
知抄の　偉大なる　光
降ろすには
光人　通じ
地点に　応じた
誘い　せねばならぬ

○ 偉大なる救い主 知抄の光は、使命遂行する者のみ受け止められる。（光の子・光人）

地球を救う　知抄の光
偽《にせ》の光　幻あり
魂に　蔓延《はびこ》りし　闇
吾等　真実の刃《やいば》にて
照らし　あぶり出す
必要ありて　今　光にて
切らねばならぬ　闇
光人のみが　知抄の領域　在れり
火傷《やけど》を　負う故
人々　近付く　なかれ

○ 知抄と人間との隔たりを指摘されている。まだ人々に逢うことはできない。

メッセージ　58

◇光の源よりの使者

芽吹きし　光の子
　磨き　磨き　光人へ
使命を　担いし者
　大いなる　目覚めあり
共に在る　者のみの
知抄の　偉大なる　光

○　一般の人々には、光人を通じ
知抄の光を垣間見るのみ。

知抄の光　声高らかに
　地上に鳴り　響かせ
地球を光と化す使命
　確と　確と　吾等
瞬間　瞬間　成就し行く
　救い主　知抄　何が起ころうと
光の源よりの　使者であること
　決して　忘れてはならぬ
痛みさえも　共に　ありし　吾等
　更に　強く　強く　果敢に
闇に　立ち向かうのみ

メッセージ　59

◇果敢なる采配

もはや　知抄　守りのみ　でなく
果敢なる　采配　地球に　あれかし
目の前の　闇を　根こそぎ　光に変える威力
地球の核より　知抄　光の剣　研ぎ澄まし
吾等共に　求めし者へ　いざ行かん

何度も　何度も　たとえ
後退に　見えようとも
偉大なる　光の道を　前進ありしこと
光の源の　直系の御使者　知抄
知抄の光の　恩恵
大いなる　地球の収穫とし　吾等
今　どんどん　その力　地上へ
救い主知抄へ　増し　増し　あり

メッセージ　60

◇有象無象の闇

地上に　荒れ狂う　行き場を無くした
有象無象の　闇ども　今
知抄により　照らし出し　救い　引き上げ
自らが　大いなる　うねりの　後に来る
光の地球への　目覚め　始まりあり

○低我の中で迷える者達の、光人を通じての、救済のことです。

どんな　闇で　あろうとも
光に気付き　光を　選択せし者
この知抄の光により　洗われ
新しい光の地球へ　光そのものとして
真の　生き様《ざま》　蘇《よみがえ》らせ
光の源　目指して歩む
永遠なる光の道標《みちしるべ》　指し　示し
根付かせるが　吾等が使命

○ 光の地球は、知抄の光で統一され、救い主、知抄の創造の領域になって行きます。（光の源の地球へと）

メッセージ　61

◇真の自由をもたらす

救い主　共に
吾等　知抄の光　掲げ
地球を　光と化する　歩み
新たに　目の前に　現《あらわ》る
あるがままを　受け止め
前だけ　見て　光のみ　見て
自由なる　羽ばたきあれ

光と共に　ある時
真の　自由あり
肉体次元の　思考という
既成の中で　生きる　人々の
背後の　闇
光に変え　力　とし
喜びと　賛美と　感謝に満ちる
知抄の光の地球
この　創造の領域を　人類に
体現させねばならない
人々に　真の自由　もたらすが
吾等が使命

○ 真の自由とは、肉体の中に閉じ込められている魂の本性の光が自由に解放されることで得られるのです。この自由あっての新しい光の地球です。

メッセージ　62

◇壮烈な戦い

知抄　いる所
どこにでも
吾等　降り　あり
より鮮明に　吾等
知抄と共に　現《あらわ》る

○　実在する光のお姿が、肉眼で見られるまでになっている。

瞬間瞬間の　壮烈な戦い　認識あれ
　吾等には　もはや　敵はいぬ　されど
強き　強き　確信なくば　引き込まれあり
　光の源よりの
地球を　光と化す　使命遂行
　一丸の威力　大いなる　羽ばたきあれ
全人類が　各々の　地点に於て
　一歩　光に　向かうこと　この一歩が
今《こん》　一生《いちせい》　知抄の光による
救い　計らいである

メッセージ　63

◇本性の光が主役

人々の　意思
光と化した地球
理由も　理屈も
光の前に　ありはせぬ
光を　選択するか　否か
瞬間の　決断のみ

○ 一足飛びには、人々は来れない。瞬間瞬間の決断に次ぐ決断。既成を捨てない者にとっては、いばらの道となるやも知れない。

吾等一丸　人々の　背後の闇
照らし出し　あぶり出し
大いなる　前進へ　向け
歩み　進み　あること　何人も

人間とは
本来　光そのものである

このこと　忘れてはならぬ
本性の光が　主役となる　光の地球
確信と共に　知抄の光　掲げ行くのみ

○　光の地球は、魂に内在する本性の光が自由に解放され、五感まで共にある。

メッセージ　64

◇不可能の概念なし

何人も　侵すことの出来ぬ
光の源の　偉大なる　知抄の光
永遠なる　光の道の　守り主
地上に今　確と　救い主　知抄
吾等の　架け橋　在り
鮮やかなる威力　見せ　見せ　行かん

求めし　人々へ　瞬時に
人の　生き様　までをも
光に　変える　威力
光の　速さ　にて　その威力
知抄が　駆使するのである
背後の闇　根こそぎ
光に　変える　威力
吾等に　不可能の　概念なし
地球を光と化する　吾等が　使命
大地を受け継ぐ者　としての
歩みに　確信　あれかし

メッセージ　65

◇無意識の領域

目には　見えぬ　無意識の　領域
この無意識の領域が
どれほど　意識を　取り込み
人々　支配され　あるか
その　無意識の　領域に　吾等
知抄の光掲げ　照らす

かつて　地上に　降下されしことのない
偉大なる救い主　知抄の光
光の源直系の　燦然と輝く
まばゆい　気高き　至純なる光
何人も　侵す　ことの出来ぬ　威力
求めし者　準備　整いし者　光への熱き思い
光と共に歩む　決断見せし者
吾等　共に　この威力注ぎ　浴びせ
大いなる　計らいにまで　地球全土に　轟《とどろ》かす
されど　現象に　決して留《とど》まってはならない

メッセージ　66

◇自由意思

過去も　未来も　この瞬間に　すべて
吾等　共に　光の前にあり
肉体纏《まと》いありし者　肉体　離れある者
光に　学びある者
大いなる　光の源に　幼子としてあり

光を選ぶか　肉体の闇に　落ちるか
瞬間の決断に　次ぐ　決断
人々の　自由意思による　選択
無意識の領域に　侵入せし　闇を
焼き　尽くし　燃え　尽くし
その自由意思の　行使を　阻んでいる
思考の闇を　駆逐し
真の　自由意思を　与えるが　使命

メッセージ　67

◇光のリズム

肉体をも　携え
　羽ばたく　知抄
救い主　知抄の威力
　瞬間の決断　祈り
肉体の　細胞まで
光　燦然と　輝かせ

伸びやかに　伸びやかに
　すべてを　委ねよ
ゆらり　ゆらりと
　確信を持って　舞い上がれ
光の源に　飛び立ち　行きて
　喜びと　賛美と　感謝に　満ちる
知抄の　創造の領域に　在りて
　光の剣　抜き放ち　吾等　共に
暗黒の　地球へ　切り込み　切り込み
　真の　鮮やかなる　変革を
光のリズムで　もたらすがよい

メッセージ　68

◇光人〈ヒカリビト〉

知抄　そのものなる　部位を
　確と　担いし　光人
知抄　そのものたる　実在の
光の勇士　降ろし
地上に　どんどん　光　注ぎ
浴びせ　浴びせ　光　輝かせよ

暗黒の　地球を　光化する
　光の源《もと》の　大計画は　今
すべてを　包み込みあり
　どんどん　闇に　切り込み
一瞬で　光に　変え
　喜びと　賛美と　感謝に　満ちる
明るい　キラメキの　地球へと
　注ぎ　浴びせる　歩み　しあれ
光人も　また　知抄により
　実在する　吾等　共に
現れ　出であり

メッセージ　69

◇光に変える視点

確実なる　歩み
一歩　一歩
知抄　光の舞台へと
目には　見えずとも
吾等　実在と共に
歩を　進めあり

救い主　知抄
闇の　追随許さぬ　微粒子にまで
すべて　知抄の光に　委ね
闇を　光に　変える視点
確と　見極め
原因を追究するのではなく
如何にして　闇を　照らし出すか
その切るべき　背後の　闇の勢力
確と　光の目で　光の足で　認識されたし

メッセージ　70

◇知抄が構築する地球

物質界すべてに　吾等の意図あり
されど思考により　歪《ゆが》められ
真の姿とは　また
異なるものが　殆《ほとん》どである
巷《ちまた》の予言も　また同じこととなり

永遠なる導き手として
救い主　知抄　大きく立たれよ
知抄は　救い主である
既成ではなく
光の源より持ち帰り
知抄が構築する　光の地球
光の道標《みちしるべ》　忘れるでない

メッセージ　71

◇新生　知抄の歩み

知抄の　新たなる　光の源《もと》
その　御意思を　遂行し
地球　そのものとなる　歩み
始まりあり

○　この旅路で、知抄は、光が増し、
大きく飛躍する。

知抄　そのものであり
光　そのものたる　深き　認識
もはや　肉体に　被《こうむ》る　闇など
瞬時に　知抄そのものへ
変えねばならない
キラメク　光人　何束も　花開き
大いなる　力となり
吾等共に　無傷で行く

メッセージ　72

◇知抄の地球

知抄の地球
何も　無き　真っ新《さら》な
キャンバスに
どんどん　光の源の
御意思　出現させ
真っ新より　知抄が構築する

知抄により　生み出されし
妖精と　光人
知抄の光にて　地球の核
確実に　大いなる　計らいへ向け
動き　始めあり
喜びと　賛美と　打ち震える感謝の
知抄の願い
共に　共に　実現する所存
吾等　万力を持って
救い主　知抄を　支えん

メッセージ　73

◇新たなる地球

知抄により　新たなる　地球へと
確実な　歩みされたし
喜びに　満ち溢れ　賛美に満ち
打ち　震えるほどの　感動と感謝
光輝く　地球へと

永遠なる　光の道を　目指し
生きとし　生けるもの　すべて
あるべき姿へと　光と共に　歩む
知抄　永遠なる　導き手とし
吾等が一丸　地球より　光放ち
地球のみならず　宇宙の彼方まで
永遠なる　光の源への　大いなる導き
使命遂行　共にする所存
誠に　この嬉しさ・賛美・感謝
光の源へ　捧げん

メッセージ　74

◇知抄の足蹟あり

新たなる地球
　知抄は　如何に見る
どんどん　知抄の威力
　現れ　現れあり
知抄　吾等を駆使
　まさに　まさに　強き前進

何処《いずこ》にも　知抄の足蹟あり
光の源《もと》に　包まれし　知抄と　共に歩む　吾等
共に　進化への　歩み
今　救い主　知抄により
光のリズムも　軽やかに
地上へ　浸透しあり
救い主の確信　知抄の強き意思
光の源よりの願い　吾等共に　実現せん

メッセージ　75

◇知抄は　地球の思い

知抄は
地球の思い　そのものとし
自らを　光の源より
確と　御意思　放たれよ

知抄により
　生み出されし　妖精　地上人類へ
光人と　共に　在ることにて
　その美しき　知抄の　創造の　領域を
実在とし　見せ付ける　威力
　生み出した　妖精
知抄　救い主の御意思　吹き込み
　光人と共に　知抄たる威力　確と現す
この威力　発揮されるがよい

メッセージ　76

◇妖精を生み出す

どんどん　妖精
生み出すがよい
吾等　共にある　喜び　賛美
感謝の　湧き出《い》でる程に
知抄により　飛び立つ

込み上げ　湧き出でる　感動の中に
前進する力あり
光の源《もと》よりの　偉大なる　恩恵を
細胞　一つ　ひとつまで　満たす
知抄　地球を　光と化す　歩み
救い主たる　深き　認識にて
研《と》ぎ澄《す》まし　研ぎ澄まし
吾等　共にありし　瞬間の　実行力
強い　確信のみにて
ヒラメキの中を　歩まれたし

メッセージ　77

◇吾等が　光の舞

知抄　生み　出しし　妖精
光人に　使命遂行者に
どんどん　入り込み　あり
どんどん　生み出し　生み出し
吾等　続々と
知抄の威力にて　降りる

光の速さ　光のリズム
　スイスイと　軽やかなり
されど　強き　歩みあれ
　救い主の決断　鮮やかなり
知抄により　大いなる　変容あり
　共に　前進する　所存
肉体をも　携えた　吾等が　光の舞
　知抄　光人を通じ　人類へ
確と　見せ付けるがよい

メッセージ 78

◇地球である　知抄の願い

地球のキラメキ　新たなる地球を
知抄は　如何に　生み出し　あるか
瞬時に　何億もの　知抄の光にて
生み出《い》だせる　無限の喜び　賛美
湧き出でる　感謝と　共に

真っ新なる　地球より
光の　源の　願い
振り撒き　浴びせ　注ぎ
構築するのである
もはや　吾等に　敵はいぬ
人類の意識にまで　物質界にまで
知抄の光　確実に　根付かせ
地球である　知抄の願い
吾等　確と　実現しあり

メッセージ　79

◇光人に知抄の力を授ける

新たなる　知抄の地球を　共に
知抄の　創造の　領域を
瞬時に　見せる　光人
知抄　救い主の願い　実現する
妖精も共に　知抄により
これより、力を授けるが良い

知抄は　もはや　人間としてでなく
永遠なる　光の道の　守り主
その視点に立ち　歩まれよ
知抄が　救い主の　使命遂行者
光の子を　光人として　磨かれるがよい
光人は　知抄の光を　存分に　正確に
地上に降ろし　一つでも　多くの　魂を
知抄により　救い主の　力により
人類を光へと　引き上げ　引き上げ
遥かなる　光の帳を　守り抜かねばならぬ

メッセージ　80

◇すべての既成　関知せず

知抄は　人類の待ち　望む
偉大なる　使命を　持ちあり
一つでも　多くの魂
光へと　引き上げる為
吾等と共に　行かねばならぬ

知抄の救い主の威力
確と　見せ付け　轟かせ
歓喜に　満ち満ちる　偉業　遂げあり
何も　持たず　深き　深き
喜び　賛美　感謝の
知抄の領域にありし　その威力
地球全土に　発揮するのみ
すべての　既成　知抄は　関知せず
目の前の闇を　光に変え
新たなる　光の地球　構築あれ

メッセージ　81

◇知抄は救い主の光

現象はすべて　原因ありてあり
一つ　二つではない
幾重にも　幾重にも
折り重なりし者達　人類の闇である
すべて　闇の源は　同じである
切り込み　切り込み　光に変える

○人々に知抄が直に接することは
無理である。

目に見えるもの　見えないもの
知抄が　肉体マントを　被りあることに
共に歩む　大いなる　光の道の
地球を　光と化す　光の源の
偉大なる　計画の意味　認識　されるがよい
光の源への　永遠なる　光へ向かう
知抄の光　確と　根付かさん
知抄は　偉大なる　救い主の光
肉体マントに　人々惑わされ
火傷《やけど》を負うのである

メッセージ　82

◇人間を脱ぎ捨てる

人間の　殻を破らねばならぬ
幻に過ぎぬ　瞬間　忍び寄る　闇に対し
人間　脱ぎ捨てる為の　殻
自ら　光人　破らねばならぬ
救い主　知抄に　殻はなし
光注ぎ　浴びせ　使命遂行の歩み

光人の使命遂行　部位により異なれり
動と静　必要見極め　光降ろすのみ
知抄が駆使し　駆使するごとに
実在の威力　吾等が　導き
吾等の　差し伸べる　手を　確と　掴《つか》むまで
人間として　ではなく
光人　光そのもの　成る歩み
確と　肉体にまで　認識あれ
偉大なる救い主　光の源の
使者と共に　行く者の　今ありてあり

メッセージ　83

◇大いなる輝きの前触れ

今　闇が　地上に
あぶり　出である様に　見えたとて
知抄　救い主の
一歩　一歩　確実なる　歩みにより
大いなる　輝きの
前触れで　あること　認識あれ

肉体マントを　被り
地上に　降りた　者は
何度も　何度も　流され
立ち止まり　歩み
また　流され
肉体を　脱ぎ　捨てるまで
その中で　如何に　気付き
光の源へ　近付く為に
前進　出来るかを　学ぶ為にあり

メッセージ　84

◇魂のリズムを聞く

光のリズムにて
救い主は　使命遂行あれ
光の源よりの　偉大なる計画
光掲げ　どんなに　どんなに
隔たりあろうとも
知抄の光　根付かせる為にあり

ヒラメキのみの
行動の中にあるリズム
吾等が舞う　メロディまで
共に　歩まれよ　地上を
澄み渡らせる　吾等の舞
共に　魂のリズム　聞くがよい
光のリズムに　乗りきること
光人も　また　闇の追随を
許さぬことに　相成れり

メッセージ　85

◇知抄の決断

知抄のヒラメキ　決断なり
瞬間　瞬間　鮮やかなる
決断　下されたし
決して　現象により　惑わされず
知抄の　強き　願い　揺るぎなし

地上に於ての
判断智とは　異なれりこと
確と　認識されたし
知抄の決断　すべて
地球を　光と化する
偉大なる　決断なり
吾等　知抄の願い　必ず　実現す
軽やかなる歩み　されど強き—
瞬間　熱き願い込め　進まれよ

第二部

地球を救う

知抄の光

知抄の光

(一)　実在する　生きた光

(二)　光の子の養成

(三)　救い主　降臨の告知

(四)　光　人〈ヒカリビト〉

(五)　与那国海底遺跡へ

(六)　光と化した　地球

(一) 実在する　生きた光

その映像は、かつて人類が目にしたことのない、神々しい、想像を超えた領域の、〈宇宙創造主の光〉としか表現できない、実在として生きている黄金の光でした。私が、この光に出逢ったのは、横浜のスポーツ教室で放映されていた、天目開眼功法のビデオの中でした。

この智超法気功教室の主宰者、知抄先生は、当時、魂の光輝を目的とした、日本で初めての、高級内丹静功を教えておられました。

一九九〇年十一月二十七日、知抄先生は、スコットランド、グラスゴー市のロイヤルコンサートホールで、神人合一の天目開眼功法、智超法秘伝を、世界に向かって初めて、舞台表演されました。その折に収録されたビデオを、お教室で放映していたのです。気功瞑想法の蓮華採光の直後、智超法秘伝五式の場面で、突然周囲がカラーに染まり、知抄先生のお姿が、まばゆい黄金の光に包まれ、〈光そのもの〉に輝き、変神された、そのシーンが流れました。

当時の私はこのビデオを見て、驚きを通り越して、人間が、現《うつし》身《み》のままで光化するという、魂の光輝を目の前で、こうして実証されていることが、まるで夢の中のようで、ふわっとして見ておりました。

今、振り返り思えば、それは究極の智超法秘伝、魂に実在する〈本性の光〉が、細胞一つひとつへと、降下され、人間本来の姿、本性の光と一体となる、貴重な映像だったのです。

〈光そのもの〉に、なられたお姿は、本当に身震いするほど、神々しく、実在する魂の光が、肉体次元に顕現した、神人合一の人間進化の証を、公開表演という舞台の上で、証示されたのでした。

人類史上、かつてあり得ない、聞いたことも、見たこともない、すごいことが起こっていることだけは、人間である私達生徒にも、認識できることでした。

魂の光輝を目指しても、肉体次元から、自由に光次元へと、行きつ、戻りつができない、私達生徒にとっては、初めて見た実在のこの光が、やがて〈地球を救う礎の光〉として輝きを増し、私もその中で、使命を担うことに気付くまでには、それから、数年間を必要としたのです。当時のお教室で学ぶ、高級内丹静功の天目開眼功法は、心身ともに、私にとって至福の時間でした。この教室で過ごせる九十分の幸せは、肉体的疲れは勿論のこと、心にもたらされる、安らぎは、何ものにも比較すらできない、まるで聖水で洗い流されるような爽快感でした。

この教室の、微細な温もりと、幸せをもたらす波動の中に、ずっと居続けたいという思いは、学ぶ者の誰にもありました。皆の顔の表情が、いつの間にか穏やかに、若返り、色白の美しい肌に変わるのです。来た時とは、全く違う、別人になって、身も心も軽やかに、楽しく、嬉しく変身するのでした。このお教室の気を、〈智超法化粧品〉として、瓶詰にしたいと冗談を言い合ったものです。

教室は、まるで宇宙旅行をしているような、異次元の世界で、嬉しくて、楽しくて、幸せ感に包まれておりました。

今私は、六十八歳ですが、当時、五十代半ばを過ぎた、普通のおばさんが、教室に座っているだけで、〈光そのもの〉に変身する事実を、まるで認識すらなく、嬉しく楽しく過ごしていたのです。この教室に来る前、身体のあちこちに不調を感じていた私が、心身共に健康になり、若返って、色白になるという、〈実在する光化粧品〉……これは冗談ですが、本当に地上に存在するはずないものが、ここには現実にあったのです。

実技の後には、お話が三十分程ありました。その内容は、魂の光輝を目的としていて、知抄先生は、生徒各人に、判り易く説明されて、〈人間とは、本来光そのものである〉ことを、何度もお話されていました。

私達各人が、〈本性の光〉に気付き、求め、共に居れるように、秘伝を教わりました。その当時から、知抄先生は、この地球の惨状を救う解決策は、私達各人が、〈光そのもの〉にならねばならないと、言い切っておられたのです。

この一九九〇年頃、すでに地球の存亡、人類の存亡という、宇宙意識から地球を見た、大きい観点を、スポーツ教室で、無造作に話しておられたのです。私は、その貴重な内容を、受容するだけの心の準備もなく、不遜にも後ろの方で、気持ちよく寝転がって、聞き流しておりました。

宇宙創造主、光の源の数億劫年前から計画されていた、地球を光と化す大計画の、真っ直中にいることを、当時、学び集い来ている者、誰一人として、またその受け皿に進化されて行く、知抄先生ご自身さえも、まだ気付いておられなかったのです。

(二) 光の子の養成

魂の光輝、光への道標《みちしるべ》、〈智超法秘伝〉が、二十一世紀を生きる、新しい地球人類の礎となる、光の子を養成する為に、光の源の実在する〈光の吾等〉によって、与えられていたことを知ったのは、ずっと後になってからでした。

本来人間は、〈光そのもの〉です。本当の自分を見出す、本性の光に目覚める魂の光輝、人間進化への光の道を、私達は、教室で、すでに踏み出していたのです。これ等を証する、地上に在る、知抄先生を目指して、実在する光の降下は、これまで、光のお写真として、すでに三万枚を超えています。

一九九五年夏には、ニューヨーク日本クラブギャラリーで、十三日間にわたって、〈宇宙からのメッセージ・光の落としもの写真展〉が、開催されました。日本でなく何故、ニューヨークで？という思いが当時致しました。今、振り返ってみると、同時多発テロ事件、アフガニスタン、イラク戦争へと、当時の米国は、政治、経済、頻発する犯罪、異常気象、原因不明の伝染病など、すべて、平和でない方向へと進んでいました。まるでそれは、地球そのものの危機のようでもありました。

写真展会期中に、開催されたパーティーの席上で、閉会のご挨拶に立たれた知抄先生は、「知抄はいずれ、新約聖書の予言の実行を果たす使命で、降りている御魂《みたま》である」と、公表されたのでした。この言葉が語られると、参加者の中に、驚愕と緊張のどよめきが起こりました。しかし、一番驚かれたのは、知抄先生ご本人でした。何故なら、宗教に全く無縁なこともさることながら、知抄先生がキリスト教を全く知らないことは、キリスト教を信仰して来た私が、一番存じ上げておりました。勿論、私は、今は無宗教です。

他民族の集まった、文明の最先端を顕示するニューヨークの地で、この日、知抄先生のお口から、この言葉が飛び出したのです。多分、キリスト教を信仰しているお方は、あきれる程の驚きと、戸惑いだったと思います。

知抄先生目指して降下される、実在する光の証を示す、写真展開催の意義を公にされたお席での、揺るぎもない発言でした。

光の源のご意思による、知抄先生のお言葉を受け皿としての、人類への疑う余地もない、生きた実在の光の存在からのメッセージでした。

こうして、地球浄化の最初のくさびが、実在する知抄の光の威力によって、かの地に、光の写真展という形で打ち込まれたのです。この年の暮れに公表された、ニューヨーク市の犯罪白書によって、犯罪件数が減少していることが証されています。

この写真展を機に、皆さんの要望にお応え下さり、帰国後、その年の一九九五年十二月に、知抄先生目指して降下された、実在する光のお写真を展示する、〈サロン・ド・ルミエール〉が、横浜に開設されました。各教室で学んでいる生徒を対象に、宇宙創造主の一員であられる、実在する知抄の光を浴びて浴びて、本性の光に目覚めた光の子等を、地球を救う礎の、新人類光人〈ヒカリビト〉としての養成が、密やかに始まっていたのです。

サロンの至純至高な知抄の光場に共に座し、光の源、直系の知抄の光を浴びて、光の子は、心身共に浄化されて行きました。しかし、このような養成の事実を、当時は誰も知りませんでした。

いつも瞑想できる素晴らしい光場として、私達は、利用させて頂きました。後に、知抄先生の著作〈智超法秘伝〉の、第三巻から第七巻が出版されました。その中で、実在の光からの、メッセージを一部公表されたことで、その意味が顕かになったのです。

地球浄化の礎の光として、使命を担う、光の子、光人を養成していた事実を、私達生徒が初めて知り得たように、一九九九年二月十日に、智超法秘伝第三巻・第四巻・第五巻の三部作が出版されるまで、この事実を知る人間は、地球上には居ませんでした。
智超法秘伝第五巻・地球を救う《光の子》、の八十七ページに、この言葉があります。

この歩み　今しばらく
知抄は　伏せて　おかねばならぬ

（一九九六年二月十七日　受託）

このメッセージを、知抄先生は守り抜いておられたのです。
こうして光の子は、幾世層かけて、知抄の光が、地球の核そのもの、救い主知抄として立つ時、光の地球を共に構築する担い手として、光人への確立の準備を重ねていたのでした。

(三) 救い主 降臨の告知

一九九六年二月十日、私は知抄先生の宇佐行きに、同行する機会を頂きました。その日の大分空港は、飛行機の離着陸も危ぶまれるほどの、積雪に見舞われていました。私は大分空港に降り立って、初めてその日の目的地が、大許山の山頂にある、宇佐神宮の奥院だということを知りました。

二台の車に分乗して行ける地点まで行って、小雪が舞う中を頂上を目指しました。先頭を歩まれる知抄先生の後を、喜多郎の〈古事記〉の曲を聞きながら、黙々と新雪を踏みしめて進んで行きました。途中から雪が小止みになり、空が明るくなってきました。大雪の下界と違って、空気は穏やかになり、見えない異次元世界に、誘われているような感覚の中にいました。雪で真っ白な、誰も踏み込んでいない山道を、身も心も浄化されながら、肉体感覚が薄れて行きました。

この宇佐神宮奥院、大元神社前庭では、智超法秘伝の表演中に、知抄先生目がけて、実在の光が天空から降下されている、〈光の降臨〉が、録画されています。これまでにも、知抄先生目指して降り注ぐ、異次元の幾重にも織りなす実在の光が、何度も何度も生きた実在として、撮影されていました。

特に実在の光の証としては、この社の屋根に、光の剣をかざし、光輝を放つ神々しい光のお姿が現れています。社の中で瞑想されている、知抄先生の真上の屋根を、実在の光のお姿が歩かれるという、考えられないビデオの映像もあります。しかし、人間は本当に低我の中で迷えるが故に、〈屋根を歩く光〉のお姿を見ても、どんな光の降臨を見せて頂いても、（あっ　そう）という、対応しかできないのです。

私達は、光の降臨現場である、奥院の無人の社に吹き込んだ雪を払い、その床板に座しました。山と対面して瞑想される、知抄先生に合わせるかのように、天空から、太陽のような光が一筋、降下するのが見えました。

一瞬静寂を超えて、研ぎ澄まされた至純至高な光が、威厳に満ちて、すっぽりと辺りを覆いつくしました。人類にとっての、一大転換の幕開けのような、畏れのような、緊張感の中にありました。まさに、人智を超えた、異次元の光の帳の中でした。自然に、私は、床に平伏しておりました。

宇佐神宮では、社と対面している目の前の山は、これまで禁足の地とされ、中に入れば〈生命を落とす〉と、言い伝えられている程、聖地として今でも守られています。

知抄先生は、風花の舞う中を、山頂目指して、光の子と共に、この禁足の山に入って行かれたのです。張り詰めた静けさが、社に座して待つ、私達にも伝わって来ました。異常な気温の低下を感じ、頭の中まで凍てついて、人間の思考が、働かなくなっていくのを感じました。

四時頃でした。ゴーという轟音と共に、床に残っている粉雪が、帯状に舞い上がりました。突風のようなつむじ風が、これから始まる重大な出来事の前触れを、予測させるかのように吹き過ぎました。

一九九六年二月十日、午後四時。それは、人類にとっても、地球にとっても、かつて誰も体験したことのない、重大な時刻だったのです。宇宙創造主、光の源よりの御使者によって、サロンでの瞑想中に、数カ月前から約束されていた刻限でした。寸分の狂いもなく、この雪の中、万難を排して、知抄先生のお姿は、山の中に消えて行かれました。

この日、山頂において、メッセージが受託されました。

知抄は共に
この偉大なる計画をし
遂行すべく　これより
私たち　すべての者が　降りた後
お呼びする　救い主の　その魂である
すべて　私に続き
知抄が　持ち帰る　者達が
それを　告げるであろう

（智超法秘伝　第五巻　七十一ページ参照）

社の外に据えられたビデオで、ここに到着してからの一部始終は、すべて録画されていました。雪で覆われた社の屋根は、実在の光が降り注ぎ、輝いて目もくらむような光でした。ビデオの映像では、強烈な実在の光の降臨が、天空の彼方から、どんどん降り注ぎ、到底肉眼で、直視できるような光ではありませんでした。かぐや姫の世界も、かくやと思われる、降り注ぐ光と、その微細な波動でした。

後日、教室でのビデオ放映を、見せて頂きましたが、多くの方々が真我に目覚め、感動のあまり、平伏し、号泣されました。教室の鏡の中に、自らの光の生誕をまばゆげに、そして美しい色白の輝く顔を、誰もが確認し合い、静かな喜びの中に浸った瞬間を、今でも忘れることはできません。

この日のビデオの、見る者を喜びと賛美と感謝に変容させる、実在する光の威力を、誰もが認めざるを得ませんでした。人間界の言葉では、表現不可能な、宇宙創造主・光の源の実在の光からの、知抄先生へ、そして私達学ぶ者への、賜りものでした。

やがて、これから地上に降りられる、救い主の受け皿となる為の準備を、知抄先生共々、私達光の子も、強い覚悟で受け止めざるを得なくなりました。ここまで準備を重ねて来た、光の源の、地球浄化への守りを固めた、天界の光の群団の吾等の威力を、垣間見せて頂けた日でもありました。

禁足の山頂から、私達の待つ社に戻られた知抄先生は、光輝き、共に行かれた光の子のお顔も、真珠のように真っ白になって美しく輝いていました。太陽の温もりのある日差しを受けているかのように、知抄先生が戻られてからは、社の中の極寒の寒さは、一変して、暖かくなりました。

日暮れが迫っておりました。私達は、二時間の予定で、社を後にしました。夕刻五時ともなると、すでに雪道は凍っていて、すべりやすく、歩きづらいのでした。日暮れている時間帯なのに、一時間経っても、不思議に明るさが続いて、下山する道を照らし続けていました。山道から仰ぎ見る夜空の星は、宝石のように透明な輝きを見せ、吸い込まれるような美しさでした。

その時知抄先生が「あれを見て」と、私達にフラッシュライトで空を指し示しました。私達が一時間程前まで居た、大許山の頂上の空に、普通の恒星の何倍もある、見たこともない、大きな星が輝いておりました。「ベツレヘムの星」と、一言、知抄先生はつぶやかれました。

(四) 光人〈ヒカリビト〉

ある日私は、与那国島にある、海底遺跡に関する文献を、知抄先生から依頼されました。与那国海底遺跡潜水調査記録を入手し、私も興味を持って読み始めたのです。特に、十字のシンボルの彫られた線刻石版を眺めていると、どうしても、この海底遺跡のあるポイントまで、行きたいという思いに駆られたのです。光のリズムで、直ちに、スキューバーダイビングのライセンスを取得しようと思い立ち、ダイビングスクールでのプログラムを開始しました。

「大晦日を前にして、こんな寒い時に始めることはないでしょう」と、知抄先生からのアドバイスもなんのその、六十五歳のこの私には、この時しかないという、決断に揺るぎはありませんでした。

地球救済、人類救済の礎の光となられた、知抄先生との、光の旅路の隔たりは大きく、二〇〇一年元旦、サロン・ド・ルミエールでの、新年の瞑想には、私は参加しても付いていけませんでした。

私の本性の光・本当の実在の光である、背後の導き手と共に、瞬間瞬間、一呼吸、一呼吸、自由意思で、知抄の光を叫び、魂に掲げることが、身に修まっていなかったのです。光の子であっても、光の源の、創造の領域そのものになっているサロンの、黄金の帳の中には、長居することはできませんでした。

肉体を持っている人間が、光そのものとして、古里の光、宇宙創造主の光の源に向かって、帰って行く光の道は、人間の努力という範疇《はんちゅう》を、遥かに、すでに超えたものでした。

光の子として真我は覚醒していても、瞬間の今を、一呼吸一呼吸、実在する知抄の光を魂に掲げ、光そのものにならないことには、例え、目の前に知抄先生がおられても、近付くことも、お話しすることもできないのです。

宇宙創造主、光の源 直系の御使者、知抄の光の威力は、人智や既成概念では、到底計れるものではありませんでした。私が瞬間、知抄の光と一体となって、光人〈ヒカリビト〉に変神しない限り、直接お話することは、次元が異なるので、本当にできないのでした。

そしてこの日、寒中であろうと、ものともせず、ライセンスを取得したいという私の決意に、知抄先生は光人を通じて、光へと私を引き上げて下さいました。やっと、御前にて、「共にある」との励ましのお言葉を、知抄先生から頂きました。そのお言葉に、勇気と活力を頂きました。

冬の海に、スキューバーダイビングのトレイニングに行くには、天候のことが気になります。西伊豆に出かける前夜には、インストラクターから、現地の気象台が発表する、天気予報の情報が入ります。しかし、どんなに悪天候だという予報でも、積雪のため、車を車庫から出すのに難儀しても、トレイニング中の予定変更は、一度もありませんでした。短期間で、ライセンスのプログラムを、順調に進めることができたのです。横浜で悪天候の状況で出発しても、箱根越えの頃には、青空が見え始め、燦々《さんさん》と、太陽が輝いているのです。

私が、西伊豆で訓練を受ける日には、知抄先生が、万全を期して光を降ろして、光へと引き上げて下さいました。救い主、知抄の光と一体となる、光人〈ヒカリビト〉として、使命遂行者として私にも、

吾等に不可能の概念なし

このメッセージ通りの、知抄の光の威力を、与え続けて下さい

ました。

現地の海は、荒れ模様の日が多かったのですが、防寒用のドライスーツを着て、タンクをセットしたＢＣＤをつける頃には、「あなたはついていますね」と、見知らぬダイバーに声をかけられるほど、波は穏やかに変わっていました。そして、その日のプログラムが終わり、岸に辿り着いて、フィンを脱いだ途端に、波がざぶんと押し寄せ、今日はこれほどの高波だったのかと気付かされる体験を、何度もしました。

知抄の光の実在と共に、妖精たちが、懸命に波を鎮めていてくれる姿が、波間に見える時もありました。

〈智超法気功教室〉が開設されて、十三年目に入りました。（当時）産経学園・神宮外苑フィットネスクラブ等、他の各教室で録画されるビデオには、妖精の姿が、肉眼で見られるようになって来ています。

人類が待ち望んでいる、救い主、知抄の光は、何億劫《ごう》年前《さき》から準備され、地球浄化の大計画を携えて、光の源より、暗黒の地上に、一九九六年七月に降下されました。

吾等は　何も持たず
知抄の光の威力を　顕現するのみ
かつて　地上に　降下されたことのない
何人も　侵すことの出来ぬ
偉大な光を掲げる
吾等に　不可能の概念なし

このメッセージのお言葉の通りに、

十字の光　吾等　地球を救う決意なり

こうした、実在の威力の顕現と証を伴い、救い主降臨の事実は、確実な足蹟を、残す歩みとなりました。

十字の光のお写真の中でも、私が最も驚愕したのは、宇佐神宮の駐車場で、夜八時頃、車を待つ間に、知抄先生の頭上に輝いた十字の光です。

これは、銀座の日産ギャラリーで、一九九九年三月に初公開され、多くの人々の心を、光へと向かわせました。この連続写真を見ると、頭上に光が降り、そこから十字の光が鮮明に作られていく創造の過程が、実在の光として、写し出されているのです。

そして無造作に白いコートを羽織った知抄先生の、その後ろ姿の左肩には、動物の〈ひつじ〉のように見えるものが、光のイルミネーションで、縁どられています。まさに、新約聖書の予言を実行する御魂《みたま》であることを、証された、光のお写真でした。

私達光の子は、その白いコートを見慣れているので、創造の原理によって、瞬間に姿・形・景色まで変える、実在の知抄の光の威力に、その顕現に、人間智ではもはや、評価することすらできませんでした。

聖書の暗号は、イスラエルの著名な数学者、エリヤフ・リップス博士によって発見され、広く知られるようになりました。コンピューターによって検索すると、〈Ｃｈｉｓｈｏ《知抄》〉の四文字の中、三文字がイエスと重なり、〈光〉の文字が〈知抄〉にクロスします。そして、救い主を意味する〈メシア〉や〈人の子〉、〈宇佐〉、〈日本人〉などが、〈知抄〉のヘブライ表記文字のすぐ近くに現れています。

しかし、知抄先生は何一つコメントなさらず、時が来るまで、光の源の御意思を厳守しておられます。

(五) 与那国海底遺跡へ

与那国行きは、私がライセンスを取得した時、知抄先生の直感によって、日取りを決定しました。与那国に到着した日の昼食後、すぐ遺跡行きの船が出るという知らせが来ましたが、その次の三時出発の便に乗る希望を出しました。

この島の天候は急激に変化します。予定時刻が近付くにつれて、天候は荒れ模様になり、次の便は出航はするけれども、ダイビングは無理だと告げられました。

私は、現地に着いてすぐ、知抄先生に午後、遺跡方面に行くことを、電話でお知らせしてありました。私は、船の手配をするお方に、出航する船に乗せて下さいと頼み込みました。波が高いため、近くの船着き場を避けて、防波堤で囲まれた、宿から離れた船着き場に、マイクロバスで移動しました。

十七人乗りのダイビング用のボートに乗り込むと、船長さん以下、数人のその宿のガイドさん達がすでに乗船していて、私がウ

エットスーツを着込み、ダイビングに備えてスタンバイしている
ことに、当惑している様子が感じられました。

自然の猛威も、この与那国の荒海も、何も判っていない、ど素人の私に、どう対処しようかと、困惑しておられたのです。

「明日帰るお客さんのために、船を出したのです。今回は遺跡方面への出航は、本当は無理なのです。こんな日にダイビングは、到底出来ませんから」——と、船長さんが私に、直に説明なさるのでした。

咄嗟《とっさ》に私は、「船長さんのお言葉に従います。海底遺跡まで行って、波が穏やかになっていたら、ダイビングさせて下さい」と、再度お願いしていました。その言葉は、知抄の光からの御意思だったと思います。

知抄の光を、光の子が魂に掲げれば、思った願いは、実現するのです。この時はまだ、私の本性の光が、肉体次元へと、顕現し始めたことに、本人の私も、気付いていませんでした。当時まだ、光そのものに成るという認識が、全くなかったのです。

大海を猛スピードで走るボートは、宇宙を飛んでいるようで、飛び込んでくる海水が、ボーッとしている私に、遺跡に近付いたことを、知らせてくれました。周りの海域は、初心者を拒むかのように荒れて、波は高く、濁っていて不気味でした。

自然の偉大さも、猛威も無視する、阿呆で傲慢な人間を、拒絶するかのように私には見えました。

再び船長さんが操縦席から降りて来て、「少しだけ海に入ってみますか？」と、予期していない言葉を頂きました。私はすかさず「メルシー」と、軽快に答えました。

光の子は瞬間瞬間、救い主、知抄の光を魂にお迎えし、心へ五感へ、細胞一つひとつへと、光を降ろし、喜びと賛美と感謝で満たすよう、指導されてきていました。肉体次元の私から、即、光次元へと、知抄の光の使命を遂行する〈私は光人《ヒカリビト》だ〉の確信と共に、〈光そのもの〉に変身します。

私のこの決断によって、遺伝子が、光の源直系の、知抄の光で、統一されるのです。

魂の奥に向かい、「これよりまいります」と、共にある知抄の光に、ご挨拶申し上げました。

「委ねよ。私は共にある」という、力強い返事が返ってきました。先ほどまでの曇り空と違って、空が明るくなって来ていました。

私は智超法秘伝の最新の、光への道標《みちしるべ》〈数え宇多〉を、心の中でうたい始めました。

一　いちに　決断　Ｃｈｉ－ｓｈｏ　の光

二　にに　ニッコリ　喜び　賛美

三　さんで　サッササと　感謝を　捧げ

と、うたうと、この智超法秘伝〈数え宇多〉は、逸《はや》る心をサラッサラッと流してくれ、光へと導いてくれます。

バディであるガイドさんの合図で、ＢＣＤに少し空気を入れます。

「いざ行かん。知抄の光と共に、私は光人《ヒカリビト》です。使命遂行まいります」と、魂の奥に向かって、知抄の光に叫びました。

フィンをつけて船尾の階段に立つと、さっきまで階段の上の段まで、洗い流すかのようにざぶん、ざぶんと、押し寄せていた大波が、少し鎮まったように感じられました。西伊豆の時と同じように、妖精たちが、波を鎮めていてくれているのが判りました。

今だと思った時、バディが先に飛び込み、私もそれに続きました。足を一歩水の中に踏み出したのです。海水は予想以上に冷たく、潜行する綱のない、初めてのドリフトダイビングでした。六十五歳の私の身体は固くなり、耳ぬきが中々出来ませんでした。耳が段々痛くなって来てしまいました。

落ち着いて、私はまた、

四　よんで　良い子　光の子

五　ごうで　ＧＯ！　ＧＯ！　光を放ち

六　むは　無口で　実践　感謝

数え宇多をうたい始めました。身体が楽になり、少し潜行すると、透明度の高いこの海域の岩場が、息を呑むような美しさで見えて来ました。

太古の巨石文明を持った人類が、何らかの理由で、生活圏が徐々に海底に沈んでゆく、その過程で残された、数多《あまた》の人々の不安と恐怖感が、重苦しい思いの怨念となって、渦巻いているように感じられました。

私は行く先々で光を放ち、今この日本の地に、救い主、知抄の光が降臨されていることを知らせました。あたかも、古代の街並みの石畳を、触れ歩く伝令のようになって、私は、

七　ななは　Night《ナイト》　&　Day《デイ》も　サラサラと

八　やあは　ヤッサ　ヤッサで　Be《ビ》 young《ヤング》

（身も心も　Be young）

九　ここは　ここまで来ても　永遠《とわ》なる学び

（謙虚《けんきょ》　謙虚《けんきょ》で　キョン　キョン　キョン）

数え宇多をうたい、喜びと賛美と感謝に満ちる、光の源の大計画を遂行する、救い主、知抄の使者としてあることを、お伝えしました。そのうち誰かが、じっと聞き耳を立てて、聴いていてくれるかのような、感触と気配に包まれました。私は、集まって来ている方々に

十　とうは　トウで成る　成る　光の地球

（スーレ　スーレ　光の源《もと》へ）

喜び　賛美　感謝　スーレ喜び　賛美　感謝　スーレ
喜び　賛美　感謝　スーレ　スーレ　スーレ　光の源《もと》へ

うたい終わると、喜びが込み上げ、知抄の光への、賛美と感謝の渦の中にいました。

今回私が、この最西端の海底遺跡に来ることになった意味が、すべて、一瞬にして解けて来たように、鮮明に判りました。

後で、知抄先生にご連絡すると、今日のダイビングで、海底に眠る沢山の光でない者達が、光に目覚め、気付き、喜びに変わったことを、説明して下さいました。

The Chi-sho's Light saving the Earth

漆黒の闇の中　一点の光あり
バラの香りと　光の力
その一点に　注ぐ
与えし　光の力
万力を持って　支えん
今　光の剣　いざ抜きて
行け　吹きすさぶ　嵐の荒野へ
行け　暗黒の世界へ

行け　求めし者のために
この　光の一点　やがて　煌めき
地球浄化のための　礎とならん

（一九九三年十一月二十五日 受託）

光の源からの地球浄化の礎《いしずえ》の、このメッセージが、私の中で大きく大きく蘇り、浮かんでまいりました。

(六) 光と化した　地球

翌日の二〇〇一年四月二十二日は、遺跡の極秘ポイントである、〈光の宮殿〉に、案内されることになっていました。朝早く、宿の玄関前で薄い透明な青い空を、見上げていると、「私は共にあります」と、知抄先生が約束されたお言葉通りに、計画は遂行されていることが判りました。

実在の知抄の光の群団は、空の上からも、海の中にも、そして私自身が〈光人〉として今、こうして共にあることが実感されました。

それは無限の光の玉となって、海の中を進む私を囲み、私の使命遂行を、あるべくしてある姿へと、共に光の源のご意思として、知抄の光を放ち、すべての顕幽両界の意識を、一瞬で光へと引き上げるのでした。

この日、関東地方では、太陽を真ん中に、二重の同心円で囲まれ、光の美しいプリズムで縁どられた、今まで、見たこともない虹が、大空に出現していました。二〇〇一年四月二十二日の昼前のことでした。

その時刻、私は、与那国の海底遺跡から、知抄、救い主の光人として、丁度、使命を終えて海面に浮上した時でした。

翌日の東京新聞に、写真が掲載されていました。この日、関東地方で虹を見た光の子等は、多彩に変化を見せる太陽の中に、知抄先生のお姿が、鮮明に確認できたとのことです。

この日の不思議な太陽と虹については、作家の椎名誠さんが、週刊文春に、当時見たままを発表されています。誰が見ても鮮やかな天体ショーを、光の源は、救い主、知抄に証されたのでした。

陸に上がってから、知抄先生に電話で報告すると、

「肉体が瞬間ではあるが、光で統一された」との、お言葉を頂きました。そして、数億劫年前から、光の源によって準備されてきた、〈地球を光と化す大計画〉は、集合意識の変容によって、この日より目に見える、感知出来る、肉体次元の物質界の地上に、顕現し始めることとなったのです。

二〇〇一年四月二十二日、正午、この時刻を境として、個人も国家も、政治、経済、教育、宗教等の、社会情勢や軍事力のすべての既成概念が、根本から、意識の変容をせざるを得なくなる方向へと、知抄の光によって導かれ始めたのです。

光の源による、地球を光と化す大計画は、魂次元から、地球の核から、知抄の光の威力によって、救い主、知抄を指揮官として、ついに地上人類を、あるべくしてある、本来の〈光そのもの〉へと、大きなうねりとなって、魂の光輝への道へと、方向転換したのです。目指すは、永遠《とわ》なる光の源、人間の古里に向かっての旅立ちです。

こうして、二〇〇一年四月二十二日。光と化した地球は、瞬間瞬間、光への統一へ向かっての、第一歩を踏み出しました。ずっと後になって判ったことですが、何とこの日は、欧米では、アース・デイとしてよく知られている日でした。全く私達は、何も知りませんでした。この日より、

もはや、国家も個人も例外なく
魂に知抄の光を掲げねば
この暗黒の地上を
一歩も前へ進むことができなくなったのです

いずれすべての地球人類が、この宇宙創造主、光の源の大計画を、知るに至る日が来ると思います。

それは皆さんの
既成概念では
地球の次元上昇　ということで
あるやも知れません

喜びと賛美と感謝に満ちる、知抄の光で統一されて行く地球の変容に、どこかで気付くのは時間の問題と思われます。それは、すべての者が、試練の宝を戴いた時かも知れません。一足飛びには、来れません。各人各様の、個性ある魂は、私達がどんなに手を差しのべても、掴むか否かは、本人の自由意思による、自らの選択に委ねられています。私達は、皆さんが試練を宝とするまで、光を注ぎ、知抄の光に気付き、光に向かうまで、浴びせ続けるだけです。どんな試練も、自らが刈り取り、乗り越え、学びとして、感謝で受け止められるまで、自力救済です。

人間は一人ではないのです。人間を支えているのは、魂の本性の光です。この本性の光が、光の地球の主役になって行くのです。肉体マントを光のマントに、変えねばなりません。

〈智超法秘伝〉第一巻から第七巻までの、一連の知抄先生の著作の中で、地上人類が全く知らない、多くの叡智に満ちた、メッセージが、一部公表されています。このメッセージは、使命の為に、救い主、知抄を導く内容ですが、光の子にも必要な内容でした。

そしてこれから、地球が光で統一された日より、人々にとっても学び、体得して行く、貴重な内容となって行くことでしょう。

ことの重大さから、多くを知抄先生は語らず、一般人類への公表を控えておられるのもその為です。それは、

光の道を　垣間見た者多し
されど　光の道を歩んだもの　皆無なり

このメッセージでもお判りと思いますが、何人たりとも例外なく、あまりにも知抄の光との隔たりが、距離があり過ぎて、三次元の低次にある人間の、理論も理屈も通用しない為に、理解できないこともあるからです。

過去において、ニューヨークで、そして日本で三回、銀座四丁目の角にある日産銀座ギャラリー四階ホールで、実在する光の写真展を開催しています。しかし、今まで〈時が来るまで〉救い主降臨の詳しい経緯と、光の証の確かな事実は、伏せられています。

これから多くの者達が
イエス・キリストの名を騙り
私達の名を騙り　出現するであろう

しかし知抄は決して　私達のことを
時期が来るまで　公言してはならない

（一九九五年三月十一日受託）

（智超法秘伝　第三巻　地球を救う《知抄の光》
一四七ページ参照）

このような長期に渡り、密やかに、救い主、知抄と光人・光の子は、光の源の実在する吾等との、導き合いにより、生きた実在する光に守られ、今日を迎えたのです。

特に今年は火星の六万年ぶりの接近の年にあたります。人類が想像もつかない、銀河系も太陽系も共に、宇宙規模で、大きく変わって来ています。

地球は今、刻一刻と、光の源の知抄の光で統一されて行く、新たな旅路を、一歩踏み出しました。

地球人類にとっては未知なる、次元上昇アセンションへ向かってです

これから地球の変容に、如何に私達が適応して行くか、それは各人の自由意思による選択に委ねられているのです。

人間を超える、智超法気功教室及び智超教室は、魂の光輝を目

指す人々にとっての、偉大な恩恵となることでしょう。

地球は

二〇〇一年　四月二十二日

光と化しました

二〇〇三年　四月五日（O・R）記

これを記した時より、八年経ちました。

私は今、七十四歳になります。

第三部

光の子等の魂のリズム

光の子等の魂のリズム

(7) 大いなる気付きを賜る

(8) サロン・ド・ルミエールでの瞑想

(1)　知抄の光と共に歩む

二〇一一年三月十一日二時四十六分に宮城県沖を震源地とするM九・〇の地震が起きました。

職場の三階で、地震と気付き、「知抄の光、お救い下さい」と叫び続けました。最初は、いつものように、グラッと来ても、すぐに収まると思っていたのですが、次第にビルがしなり、折れるのでは、と思うくらい大きな揺れが来て、数分も続きました。ここ中央区（東京）は震度五弱でした。

すぐ社内でテレビをつけて、ニュースを見ました。間もなくして、テレビに映し出された映像は、海岸沿いの道路を、たくさんの自動車が走っていて、そのすぐ横まで、津波が押し寄せて来ていました。近くで共にテレビを見ていた同僚が「危ない。逃げないと……。気付かないの？」と叫びました。私は信じられない光景に言葉が出ませんでした。魂の中から「救い主 知抄の光、この惨状をお救い下さい」――と、叫んでいたからでもありました。

その後も何度か余震が続きました。交通機関も止まり、幹線道路は、徒歩で帰宅する人々が車道まで溢れ、自動車も、ほとんど動かず、徒歩のスピードとほぼ同じようでした。今まで想像もしていなかったこの東京の有様でした。

私は、十六ｋｍ程の道程を四時間かかりましたが、徒歩で帰宅できました。幸い、東京には津波の被害はありませんでしたが、後で振り返ると、湾岸道路沿いの京急に沿っての徒歩帰宅は、危険であることが判りました。こうした一つひとつの体験によって、学びを体得して行けることが判りました。

余震が続く中、新潟県中越地方でも、三回に渡り大きな地震が起き、長野、静岡と、あちらこちらと、日本列島が、連鎖反応で震えているように思えました。ともすれば、恐怖感、不安感で緊張する私でしたが、五日前の三月六日（日）に、サロンでご指導頂いていた知抄先生のお言葉を反芻《はんすう》しながら、光の剣を抜き放ち、強く強く動じないでおれました。

今、日本は地球の雛形《ひながた》ですと、前置きされ、知抄先生は「日本列島半分くらい、持って行かれてしまうようなことが、目の前で起きても、決して皆さんは、動ずることなく、万一の場合は、屍《しかばね》を越えてでも光の地球を守り抜き、前へ進んで行かなければなりません。光の子は、光人として揺らぎのないよう、地球を救う大使命を忘れるでない」——と。今まで消極的な負の闇について は、お話されたことも、予言めいたことも話されない知抄先生からの、光の子・光人に対する地球を救う礎の光としての心構えをお話されたのです。使命遂行への揺るぎもない熱き思いと、光の源への忠誠心を蘇らせ、使命への強い、行くぞ——。やるぞ——。の覚悟を決意した日でした。

この覚悟がなかったら——と思い返すと、私は、一人ではない〈知抄の光〉がいつでも、こうして共にあることが喜びとなって、活力と勇気を頂けたのでした。

東京で、さっそく水、電気、ガス、ガソリンと、すべてのライフラインが、いつものようにとは行かなくなりました。

原子力発電の事故は、クリーンなエネルギーと言われて来ました原子力が、扱い方を知らない危険なものであり、人間が使いこなすことができるのかと、危惧される結果を露呈してしまいました。

その後拡散された、放射能汚染は、東京都の水道水も乳幼児には危険な数値となりました。すると一斉にペットボトルが、店頭からなくなりました。深刻な電気供給量不足は、計画停電として交通機関の麻痺となり、今まで当たり前と思っていた日常の生活が、たった数日間で、この東京をすら、一変させてしまいました。

今まで一呼吸、一呼吸、無意識で、当たり前に吸っていた空気も、豊かな水も、美味しい食べ物も、すべて人間に必要なものが簡単には、手に入らなくなってしまいました。すべては光の源からの、賜りものであったことが、身に沁みて判りました。
万物の根源、光の源よりの、地球を光と化する大計画の真っ只中に、今在ることが今回の体験を通して、鮮明に判りました。
知抄の光の威力で、地球を保ち、生きとし生けるものに生命を与え、良き方へと人類を導いて下さっていることに、気付きました。本当に感謝あるのみと、魂の奥へ奥へと、光の源へ届くまで感謝を捧げ平伏しました。

救い主 知抄の光

暗黒の地球をお救い下さい ――

二〇一一年　四月二日

（N・S）記

(2) 知球暦の始まり

二〇一〇年十月十日、この日地球は、万物の根源宇宙創造主、光の源直系の御使者、救い主知抄の光で統一されました。それは人間には、まだ気付くことができないかもしれません。しかし地球は、知抄の光の威力によって統一され、三次元の地球の波動と全く異なる、高次の黄金の光で統一され、光と化す光の源の大計画の流れの中に在るのです。

三次元の地球から、光の地球へ。これは、言葉を言い換えますと、〈次元上昇〉と地球上では言われています。どんなことがこれから起きるのか、誰にも想像もできませんが、地球全体が、サロン・ド・ルミエールの時空を超えた空間のようになって行くのでしょう。

光を垣間見た者多し
されど　光の道を　熱き思いで
歩んだ者は皆無なり

実在する光からのメッセージ通り、この光の源の計画は、遂行しておられる知抄先生しかご存知ありません。
私達は幸いにも、地球人類を代表して、光と化して行く光の源の大計画を以前から知り、その真っ只中で体験をしながら、今日を迎えました。今この瞬間、次の瞬間も、知抄の光の地球へと、光で統一されて行っています。人間の思考の闇という、低我に瞬間、一呼吸ごとに、押し返されながらも、厳然たる歩みをもって、光の源へと光を増しながら、人類が体験したことのない、未知なる第一歩を踏みしめているのです。

光の地球は、三次元の今の地球人の感覚では、付いて行けなくなっているのは当然です。まだ何も知らない人々にとっては、天変地異のみならず、あらゆる社会現象も只々動転するだけです。

それ故、私達は、二十年をかけて、智超法秘伝を学んでまいりました。光の子が身に修めた秘伝を実行すれば、光化した地球に適応できるように、恩恵を賜ってここに在ります。肉体マントを光のマントに、即変身できるかが問われますが、正に、今が、自

らの存亡をかけて、瞬間の今この一瞬、知抄の光を魂に掲げることで、光へと引き上げて頂けます。この一瞬、今

救い主　知抄の光

暗黒の地球をお救い下さい――

この魂からの叫びをあげ続けることで、知抄の光は応えて下さるのです。この叫びを止めないことです。

光と共にあれば　不可能の概念なし

メッセージにありますように、喜び、賛美、感謝で、光化した地球をスイスイと、本当の自分である本性の光にお出まし頂き、共に歩んで行くだけです。

　そうは申しましても、人間は感情で生きています。それ故、思考という闇に常に支配されています。あっという間に、肉体の思考の大闇の渦に巻き込まれて、どんなに叫んでも、三次元の肉体に捉われて、肉体マントのままで光へは行けません。それ故、知抄の光の威力によって、自らの肉体の闇をまず光化して頂くのです。私達人間が知抄の光を魂に掲げることで、光人を通して光へと引き上げて下さいます。

　三月十一日に東日本で起きました大地震と津波は、如何に既成概念が無力なのかということを、人類に対する学びとして与えられた試練だと思います。今回、〈想定外〉という言葉が、よく聞かれましたが、実は、福島第一原子力発電所の安全性に関して、幾人かの研究者が、数年前から、この地震や津波の危険性を指摘していたのです。今回の津波と同じくらいの規模で、平安時代に、貞観《じょうがん》地震と津波が起こっています。研究者達が、丁寧に地層を調べ、結論を出したもので、科学的な信憑性《しんぴょうせい》は高いものでした。

この研究者達は、論文を出すだけでなく、原子力の安全性に関わる政府の委員会でも政府の見解を質《ただ》し、警告を発していたという記録が残っています。それを読むと、この警告が受け入れられていれば、もっと被害が少なかったのに、と悔《く》やまれますが、今更、悔やんでも始まりません。瞬間瞬間の、この今という一瞬に過去も未来もあることが、よく判りました。

確かに、千年に一遍しかない地震や津波のことを、気にしても、防災に、大きな費用がかかることは確かで無視されたのでしょう。人間は、本当に目の前のことしか見えないのです。自分達が生きている間に起きなければよい、という程度の認識が、大きな被害に繋《つな》がってしまったことは否めません。

福島第一原発では、大変危ない状態が続いています。知抄先生、そして使命を受けた光人は、瞑想下で原発の炉心まで進み、放射能の拡散を防ぐということを続けておられます。そして、知抄先生が瞑想を中断すると、漏れる放射線の強度が増す、ということも顕かになって来ています。

事故現場で、被曝の危険の中で作業を続ける関係者に、光を放ち、浴びせ、注ぎ、恐怖心を取り除かなければなりません。恐怖心が更なる闇を、呼び込むからです。そして、地震と津波の被災地の方達にも、政治家達にも、光と共にあるように、日本列島すべての人々の魂に、語りかけなければなりません。

今、何が起きようと、地球を救う知抄の光を知っている私達は、使命遂行する・しないに関わらず、光で統一された地球に在るということ、光と化した地球の、構成員であることに変わりはありません。しかし、今までの三次元の地球人では、この地球に適応できなくなっています。新しい光の地球、知の歴史を刻む知球暦の歩みは踏み出されました。この威力の恩恵を、自らの意思で切望し、実行するかは、各人各様の自由意思で決断なさって下さい。自力救済です。

二〇一一年　四月十五日

（I・K）記

(3) その時が来た

二〇一一年三月六日、知抄先生は、普段決して、お話をされない、闇について、長い時間をかけて、その日サロンに集った私達に、光人を通じて、お話をされました。

これから何が目の前で起ころうとも、地球を救う使命遂行者である私達は、「例え屍《しかばね》を踏み越えても、光の剣を掲げて、行かねばならない。決して揺らいではいけない」——と。

その時には判りませんでしたが、光の子が光人として確立し、地球を背負って立つ決意と、覚悟を惹起《じゃっき》させて頂いたことを、その五日後に気付かされました。

その数日前から私は、胸の奥より〈時迫りあり〉との、メッセージにある言葉が浮かんでいて、その後も、〈吾等　知抄の光と共に行かん〉との言葉が出て来ていたのです。

知抄先生は、以前から光の源の御使者、そして、地球を救う救い主、知抄の実在の光から、多くのメッセージを、受託されておられます。地球を光と化す、光の源の大計画については、その一部しか、まだ公にはされておられません。

ことの重大さから、時を、その時が来る、その日を、光の源のご意思を、人類に公表する日を、私達も共に待ち望んで、ここまで来たのでした。

こうした最中、二〇一一年三月十一日、想像もできない、東日本大震災が、起こったのです。

私は、東京の新宿にある会社におりました。ぐらっと来た瞬間「知抄の光　暗黒の地球をお救い下さい、地震をすぐに止めて下さい」――と、魂の奥に一九九六年七月に降臨されている知抄の光へ叫びました。

私達光の子・光人は一丸となって、今までも、多くの地震を止めて来ておりました。すぐに地震は、今回も、止められると思っておりました。しかし、だんだん揺れは激しくなり、咄嗟《とっさ》に、「机の下に入って、窓から離れて」と大声で叫んでいました。机の下で私は、声に出して

知抄の光　暗黒の地球をお救い下さい

地震を止めて下さい

と無我夢中で叫び続けました。揺れが収まった後、地震の情報が次々と入って来始めました。仙台にも支店があり、いち早く全員の無事が確認され、ほっと致しました。

私が、本当の被害の大きさを知ったのは、帰宅して、テレビに映し出される、津波が町を飲み込んでいる映像を見た時でした。（いよいよ来たか）との思いで、「知抄の光、どうか最小限の被害に止《とど》めて下さい」と叫びながら、あるがままを冷静に受け止め、被災地に、光を注ぎ始めました。

人間にあって、今より人間にあらず、〈私は知抄の光のご意思を顕現する光人だ〉――と、実在する光と共にある決断をすると、活力と勇気が増してくるのが判りました。今より、救い主知抄の光にすべてを委ねて、〈光そのもの〉に成り、どんどん光を、被災地の人々へ、そして日本列島に、放ち始めたのです。

まず被災地に飛び、知抄の光の群団と共に、不安、恐怖感に慄《おのの》く人々に、喜びと賛美と感謝に満ちる、救い主知抄の光を、注ぎ浴びせました。ほとんど寝ることなく、ずっと「知抄の光　暗黒の日本列島をお救い下さい」――と。魂の奥へ奥へと、叫びが、光の源に届くまでずっと、深い入静《にゅうせい》の状態で、一夜を明かしました。

その翌日、東京ですら店頭より、おにぎり、パン、お米、カップラーメン、トイレットペーパー、乾電池、そして水等たくさんのものが無くなりました。不安を持った消費者が買い占めたことと、流通経路が寸断されてしまった為でした。又、計画停電による電車の運休により交通機関が麻痺し、会社に出社できない方々が大勢おられました。翌日の都内は、混乱状況になり、不安、不満が充満しておりました。

日頃から、今の私達は、〈王侯貴族の生活〉であることを、知抄先生にご指摘頂いて、生き様をご指導頂いてまいりました。

本当にその言葉が、今回の地震で身に沁みて、改めることを決意しました。そして、今までの人間の驕り、傲慢を、恥辱の涙で、光の源へ、お詫び申し上げました。水も電気もガスも、食べ物も、当たり前にあるものと、粗末にして、本当に贅沢な生き様をして来たことに気付きました。

いずれ〈お金も紙切れになる〉と、以前より教えて頂いていました。本当に地震の被災地では、お金があっても、物資が手に入らない状態になりました。知抄先生がおっしゃっていたことは、寸分の狂いもないことを、改めて体験によって学ぶことになりました。

更に、考えてもいなかった、福島第一原発の地震による火災、放射能漏れ、水と空気の汚染が起きたのです。事故を知った時点から、どんどん知抄の光を福島第一原発に、注いでおりました。

サロンにおいての瞑想では、救い主知抄の光の群団と共に、原発を光で包み込み、私も光そのものとなって原子炉の中に入って行きました。どんどん知抄の光を浴びせ、注ぎ続けました。光の水を注いでいると、少し火が弱まるのですが、少しでも脇見をすると、火が勢いを増してしまうのです。（火災の時）

〈前だけ見て、光だけ見て〉のメッセージの言葉《ことは》に、瞬間瞬間、導かれているような感覚でした。結果を気にせずに、どんどん光を注ぐのみでした。そして少しでも良い方向に向かうと、喜びと、この知抄の光の威力を、賛美し、感謝を、光の源に捧げました。

全智全能なる光の源の、知抄の光の領域の、喜びと賛美と打ち震える感謝の感動の中で、妖精を生み出し放ち、生命《いのち》懸けで原発を守ろうとしている、多くの原発関係者の不安と、恐怖感を取り除きました。取り除いてもすぐ人間は、元に戻るので、白紙の心になれるよう、知抄の光を放ち続けています。夜も昼も、仕事をしている時も、二十四時間、

救い主　知抄の光

暗黒の地球をお救い下さい

と叫び、福島第一原発へ、地震の被災地へ、東電へ、そして政府へと光を注いでいます。

そのような時、両手を見ると、金粉が必ず出ています。自宅のテーブルクロスの上、パソコンのキーボードの上にまで、金粉は出ておりました。会社で仕事中も、記帳していると、キラッと光り、金粉が出ているのです。金粉を見つけると私は、子供が宝物探しで突然、宝物を見つけたように「あっ、金粉がこんなところにも」と嬉しくなって励まされます。また、また、知抄の光に感謝を捧げて、喜びと賛美と感謝の中、知抄の光を死守するという思いが増すのです。

この金粉は、昨年二〇一〇年十月十日、横浜みらいホールで、知抄の光によって、《地球が統一された日》から、セミナー参加者の大半の方が体験しています。そして、今、智超法気功教室及び智超教室に在籍されている方は、お教室でも、ご自宅でも金粉は、珍しくない当たり前のことになって来ております。

今回の福島第一原発に、光を注いだ時に感じたことは、根底にあるのは、人間の闇であることが判りました。

メッセージで〈最後の闇は　人間の闇である〉という、その言《こと》葉《は》の深い意味を体験させて頂きました。

人々の恐怖感、不安感、怒り、怨念はすべて、光とは別の方へと人々を誘います。二次災害を招来しないように、これ等の闇を駆逐し、光へ来れるよう光を注ぎ続けます。

二〇一一年　三月十五日

（I・M）記

(4)　次元上昇に気付いた日

二〇一一年三月十一日午後二時四十六分。私は東京駅近くにある、丸の内の十八階建てビルの三階に居ました。これまで体験したことのない地震の揺れに驚き、半ば慄《おのの》きながら**救い主　知抄の光　どうか地震を止めて下さい。お助け下さい**——と、心の中で叫んでいました。これまでと違い、地震の揺れはすぐには止まりませんでした。

東京駅の周辺では、再開発が局地的に進んでおり、大型ビルの建設ラッシュが起こっています。窓外に見える建設中のビルの上には、建設用のクレーンがあり、今にも何十メートルもの高さから落下してしまいそうなほど、揺れているのが確認できました。

新築間もない私が居るビルも、不気味な音を立て軋み、揺れる度に建物に、かなりの圧力がかかっているのが判りました。背後に在った広報部のテレビが、地震速報を流し、宮城県沖が震源地の、マグニチュード八・六（後に九・〇に修正）、最大震度七・〇の地震であることが判りました。

しばらくして、皆さんも落ち着きを取り戻し、席に戻りました。私はずっと魂の奥へ奥へと、《救い主　知抄の光　この惨状をあるべくしてある良き方向へとお導き下さい、私を光人としてお使い下さい》と、叫び続けておりました。

この日は交通網がすべてストップしたため、千駄ヶ谷にある神宮外苑フィットネスクラブ・サマディの、夜七時から始まる、〈智超法気功〉の金曜教室に寄り、西東京の自宅に徒歩で帰ることに決めました。交通手段がストップしていたので、教室はお休みと思っていましたが、もし一人でも生徒さんが来ていて、建物の中に居る間に余震等で、天井が落ちたりする事故があってはならないと、安全確認のために、立ち寄ることに決めたのです。

東京駅から半蔵門を通り、千駄ヶ谷駅の側にある、神宮外苑フィットネス・クラブの事務所に、まず立ち寄りました。なんと、実際に、隣接しているスケートリンクの天井が抜け落ちて、いつも使っている教室が、使えなくなっていることを知り、本当に驚きました。

地震直後、事務所から、生徒さんに、休講するとの連絡がなされていたようで、事無きを得て安堵しました。

それから、新宿を経由して、国道二十号線に沿って歩きました。事前に歩くコースは確認しましたが、距離を確認していませんでした。丁度世田谷区の近辺で、電車が動き始めたとの情報を口にしている人がいたため、最寄の駅の方を見ると、実際に電車が動いていていて、運転が再開された様子でした。

しばらく待ち、満員電車に何とか潜り込んで、そこからは電車で帰宅できました。夜の十二時を回っていました。勤務先から自宅までの距離は三十五ｋｍもあり、十五ｋｍ地点で電車に乗れたことになります。

電車が動き始めてくれて、本当に助かりました。また余震により、物が落下してきたり、火災で道路のアスファルトが焼けて、歩けないということもなく、途中で食事をとり、休めたことも大変ありがたく、知抄の光に守って頂いていることを、この時程、ひしひしと身近に感じたことはありませんでした。

この地震の五日前の三月六日に、知抄先生は、実在する救い主知抄の光場である、サロン・ド・ルミエールで、入静を終えた後、長時間にわたり、厳しい内容のお話をされました。

「これからどんなことが起こっても揺らがない。何が目の前で起こっても、あるがままを受け止め、救い主　知抄の光に、すべてを委ね、知抄の光を魂に掲げ、前だけ、光だけを見て、私達は光の源へ向かって、地球人類の先頭に立ち、光の剣を掲げ、照らし、進んで行くのみ」との心構えを、詳しくお話下さいました。その時は何が起こるのか、どのような経験をすることになるのか、到底想像もつきませんでした。

今まで、マイナス的な思考の闇については、黙して来られた知抄先生の、この日のお話を、私達は「何かが起こる、それも、とてつもないことが起きる」との思いで受け止めました。

しかしその時はまだ、身近な実感はありませんでした。人間とは、斯《か》くも阿呆で、馬鹿であることが、今回よく判りました。体験なくしては、一歩も前へと進化できないことが、本当に認識も新たに、気付きとして判らせて頂きました。

日本での観測史上最大の地震に遭遇し、勤務先から自宅へと、多くの人々と共に、歩いて帰らなければならなくなることが、本当に五日後に、知抄先生のお話の通りに、現実となったのです。長い距離を歩いて帰る体験をし、未曾有の被災をメディア等で知り、身近に肌で感じる大惨事が起こり、初めて人間は、我が身に降りかかることで、やっと認識し次の行動をするのでした。

昨年、二〇一〇年十月十日、地球は、知抄の光で統一されました。地球が光と化し、それ以前に私達が住んでいた、三次元の地球とは全く異なる、新しい光の地球に変容していることが、三月十一日のこの地震による体験を通して、やっと認識を新たにできたのです。

三月六日に既に知抄先生は「これから起こることは、これは始まりに過ぎない」――とおっしゃいました。その時は、まだ知抄先生のお言葉と現実が、一致していませんでした。どこか傍観者的な、三次元の人間的な見方で、捉えていたと思います。

知抄先生の真実のお言葉が、地球存亡、人類存亡の崖っぷちに今私達が立たされ、伸るか反るかの時を迎えていることに、やっと気付かされたのです。

私自身が知抄の光を死守し、光人として、光を注ぎ続けなければ、私の肉体の存亡に直結し、日本列島だけでなく、同時に、地球の存亡に関わることになりかねない状況に、一夜にして追い込まれてしまったことが判りました。

光人として、もう傍観者では済まされません。地球を救い、人類を救い、〈大地を受け継ぐ者〉としての使命遂行に、生命を注がねばなりません。

日本には原子力発電所の原子炉が五十四基、そして世界には無数にあるのです。いつどこで原子炉の事故が起こるか判りません。

私達光の子は、救い主、知抄の光と一体となって、光人として確立し、地球を救い、人類を救う為に、今、ここに地球浄化の礎の光として在ります。

救い主　知抄の光

暗黒の地球をお救い下さい――

と、もう叫ぶしかありません。

「毒入りの物を口にしても、死なない強健な身体を」と、お話されていた、知抄先生の真実の言葉《ことは》の重みを、今回こそは、本当に、身に沁みて感じました。今までもそうでしたが、私は、今こうしていても、知抄の光と共に、大気をより透明に、きれいにし続けています。

サロンの瞑想では、福島第一原発の原子炉内の燃料棒の破損の光景を、私は光人として、知抄の光と共に、現場を一瞬、垣間見させて頂きました。

私達は、今、知抄、救い主の指揮官の元、天界の知抄の光の群団と共に、原発を死守しようと日夜、人間として努力されている数百人の技術者の方々の、不安、恐怖感を除き、一瞬でも真っ新な白紙の心で、全智全能なる、実在する知抄の光からのヒラメキを受け取れるよう光を注ぎ続けています。この原発事故を平定するためのヒントを、全智全能なる知抄の実在の光からの叡智をキャッチできるよう、共に二十四時間、光を注ぎ、光を浴びせ、一刻も早く良き方向へと、知抄の光の恩恵を受け止められるよう、活力と勇気を与え続けています。

そしてこの技術者の方々の肉体を守り、また、今回災害に見舞われた方々の、不安と恐怖をも取り除き、再起への活力を注ぎ続けています。

私は、これら一連の体験の中で、今まで

人間とは〈本来　光そのもの〉です

光の地球は、この本性の光が主役です

と、教わって来た深い真意が、やっと汲《く》み取れました。

光の源の地球を光と化す大計画とは、次元の上昇もその中に含まれていたことに――、私はやっと気付いたのです。

巷《ちまた》で、アセンション等の情報が飛び交っていても、それを体験した者は誰もいません。私達は、誰も歩んだことのない光の道を、知抄の光に導かれ、光人として、地球を救う礎の光として確立しています。誰も体験したことのない、光へ行きつ戻りつしながら、光の地球を構築して進んでいます。次元上昇の真っ只中に私は居て、体験して、ここまで来ていたのでした。今振り返って見て、本当に地球は、知抄の光で統一されたことが判りました。

それは、二〇一〇年十月十日でした。言い換えればこの日、地球は次元上昇したのです。これからの光の地球は、目潰《つぶ》しされたとしても、知抄の光と共に歩むしかないことが判りました。

二〇一一年　三月三十日

（K・K）記

(5)　光の地球とは次元上昇のこと

今から十六年前の、一九九五年四月でした。私は、知抄先生のご著書《指帰の宇多》を、書店で手にし、居ても立ってもいられず、横浜にある智超法気功教室に、通い始めました。

仕事を終えてお教室に行くと、動功や瞑想で、身体の疲れや、人間関係のストレスも癒され、身体が軽く、元気になりました。とても教室は穏やかで、座っているだけで、楽しく嬉しくなり、穏やかな清涼な気が満ち溢れ、外部の喧騒から行く私にとっては、幸せ一杯の、本当に活気に満ちた、凄いお教室でした。お教室のある曜日が待ち遠しく、毎週休むことなく、喜々として通いました。

魂の光輝を求める多くの方が、遠方から熱心に来られていました。

そこで沢山の智超法秘伝を、惜しげもなく、次々と公開して下さり、多くの学びを頂きました。

〈人間は本来、光そのものである〉ことに、確信を持てるようになったのも、知抄先生のお導きでした。魂に内在する、本性の光を輝かせ、自由に解放するという、魂の光輝の真髄を、身に修めることができました。

一九九六年八月十六日。横浜岩間ホールで、開催されたセミナーで、五分程、知抄先生のお顔を拝見したのが、最後となりました。知抄先生は、それ以来、私達人間には一切、お会いできなくなってしまわれたのです。

それからは、サロンにおいて、時折、光人を通じて、ご指導を頂いてまいりました。私達にとっても、青天の霹靂《へきれき》の、期待でワクワクするのを通り越して、奇蹟、奇蹟の驚きの連続で、今日に至りました。

遂に、二〇一〇年十月十日〈来《きた》るべき時〉を、共に私達は迎えたのです。

知抄の光で、地球が統一された、この記念すべき日に、私は歴史を刻む、〈次元の上昇〉、アセンションの真っ只中を、体験することができたのです。これは、まだ新しい光の地球の、第一歩にしか過ぎません。

この日の詳しい内容は、後に、智超法気功及び智超教室、二十周年記念《すばらしき仲間 言葉集《ことは》》として、作成されています。

私もこの日より、両手に〈金粉〉が出るようになりました。

この感動を、第二弾として、サロン・ド・ルミエール編纂の、《指帰の宇多》で、光の源への道標《みちしるべ》を賜りました。またまた、この実在の光の威力に、驚かされているのです。

ここまで魂の光輝を求めて来て、振り返って見ると、数億劫年前より準備され、光の子として育まれ、地球浄化の誓いを立てて、礎の光として、この地上に降りてきたことが判りました。

二〇一〇年十月十日、知抄の光で統一された、光の地球は、私達人間も、本性の光に成らなくては、適応できなくなっています。

私達光の子は、知抄の光の受け皿となり、光人となって、魂の光を輝かせ、瞬間、瞬間、喜びと賛美と感謝に満ちる光の源より、知抄の光を放ち、求める者に、光の手を差し伸べ、光へと引き上げて行きます。

知抄の光を魂に掲げ、魂の奥へ、もっと深く、深く進んで行くと、救い主、知抄の光が降臨されて居られます。

身体中が暖かくなり、

知抄の光、暗黒の地球をお救い下さい

喜び賛美感謝を捧げます――

と叫ぶと、どんどん、嬉しくなって、ありがとうございます――と、感謝が込み上げ、一瞬にして、肉体マントを、〈光のマント〉に変えて、〈光そのもの〉に成ります。

こうして、光の子である私が、〈光そのもの〉に成ることで、私と同じ波動の人々が、瞬間光に変わります。救い主知抄の、喜びと賛美と感謝の、創造の領域は、言葉も何も必要でなく、遺伝子による伝達力で、伝わって行くように、私には思えます。

今回の、三月十一日に起きた、東日本の大震災。今こそ、私達光の子は、地球を守り、日本列島を救うために、〈行くぞ〉と、光の剣を抜いて、一丸となって、地球浄化をやり遂げる時が来たことを、強く感じました。

使命遂行の喜びに、胸が打ち震え、感謝が込み上げて来ます。地球は、どんどん光が増し、次元が上昇しています。今は、生みの苦しみの時、いろいろなことが起こりますが、何が起ころうと、現象に捉われず、執着心を無くし、困難や試練を、インスピレーションで叡智を頂き、知抄の光を魂に掲げ、共に乗り越えねばなりません。決して恐怖感、不安感を出さず、知抄の指し示す、光の源への光の道を選び、前へ前へと、前進あるのみです。利他愛で家族や、周りにいる人々に、愛を振り撒き、プラス思考で、光だけ見て、光の源目指し、進んで行きます。

人間は、思考や感情の、捉われている闇から脱出し、光に成らなければ、この知抄の光で統一された、新しい光の地球は、一歩も前へ進めなくなりました。これからは、各人各様の旅路での自力救済です。

瞬間で光を選択できるよう、白紙の心になれるまで、光を浴びせ、注ぎ、光へと誘う光の子の使命、知抄の光と共にまいります。

光の源、直系の御使者、かつて地上に降下されたことのない、偉大なる救い主、知抄の光の創造の領域に、今、こうしてある幸せを、光へ行きつつ、戻りつしながら、嚙み締めています。

光の新しい地球は、真の自由、真の平等、真の平和を、もたらします。

知抄の光の威力で、〈本性の光〉が、地上に顕現します。インスピレーションで、自由自在に、どこへでも行けます。そして、テレパシーで、すべてを知ることができます。

何の捉われもなく、喜びと賛美と感謝に満ちた、嬉しい楽しい、輝く地球です。命令強制するシステム社会は崩壊し、偉い人もいません。争い事もなく、何も心配することもなくなって行きます。

地球の闇の原因が、光で照らされ、光化するので、近い将来、病気にもならず、病院も不用になってしまいます。人々の笑い声や、地球の宝である子供達の、楽しそうな弾む声、皆が笑っている情景も、浮かんで来ます。

これは決して、理想ではなく、今までも、すべて確実にここまで、知抄の光は、目の前の闇を光に変えて、現実化して来ました。

知抄の光は、創造の領域の光の源のお力ですから、必ず、私達光の子が、光人になって願うと、現実のものになるのです。

この想いを、地球の願いとして、光の源へ、知抄の光へ、捧げます。

二〇一一年　四月五日

（G・M）記

光に
熱き思いを持つ者は
流されることはない

(6) 智超法気功・智超教室での学び

光をありがとうございます。

今日朝起きて、何も考えず「えーい」と、ベッドから、飛び起きました。飛び起きて暫く、放心してしまいました。子供の頃以来、こんな起き方を、自然にしたことがなかったからです。

いつも起きて「知抄の光、お早うございます」と言ってから、私の中で、少し力んで、起きていたように思います。でも今日は、何の捉われもなく、本当に、「知抄の光、今日も元気でお早うございます」と、子供の頃のように、起きられたのです。

あの忘れもしない、二〇一一年三月十一日、帰宅した埼玉の私の部屋が、震度五の地震でめちゃくちゃになっていました。翌日、スタッフの方から、アドバイスを頂き、実家に戻りました。それから早いもので一カ月が経ちました。最近、本当に子供の時のように、両親を大好きで、大切に思えるようになりました。

人間のあるべき姿へと、導いて頂けるこのありがたさを、身に沁みて、感じました。この頂いた思いを、愛を持って、とにかく、福島第一原発事故による恐怖感や、不安感を無くし、東日本大震災で悲しんでいる人、絶望している人を励まし、疲れている人に活力と勇気を、そして、地球の様々な生きとし生けるものすべてが、共に知抄の光の恩恵を頂けるよう、光を死守し、光を放ち続けたいと願っています。

最近、知抄の光を頂くと、本当に嬉しくて、本当に、喜び賛美感謝で満ち溢れます。そして私の心身がまず軽くなって、浮上します。そして、利他愛を実践したいという思いが、とても深い、強い思いになるのです。愛を地上に振り撒いている感覚になるのです。

この幸せになる、知抄の光を、地球全土に届きますように、

知抄の光、暗黒の地球をお救い下さい――

と、本当に、魂から叫べるようになりました。そして、叫ぶと、もっと嬉しくなり、すると、私は身体が浮くのですが……。

それは、肉体マントの中で、頭で、思考で、何かを考えてからするような、三次元的なものではなくて、生命《いのち》の源の、魂の奥か

ら、自然に突き動かされるのです。知抄の光と共にあることで、本性の光が、自由に羽ばたき、肉体マントを光のマントに変えて下さり、この三次元の肉体にまでお出ましになり、共に地上にあることに、気付かせて頂きました。

まるで子供のように、私は、どんどん、どんどん明るく元気に、生命《いのち》の源、知抄の光を頂き、ここまで育てて頂きました。この喜び、賛美、感謝を大きな声で、光の源、知抄の光に届くまで叫びます。学んだことは、必ず実行、実践致します。

ありがとうございます。

二〇一一年　四月十二日

知抄の光　知抄先生

光をありがとうございます。

金曜日、智超法気功教室で、入静中、本当に見たこともない程、沢山の色取りどりの、可愛らしい花達が、私の中で咲き、私は、花だらけになりました。次に、その花達が、どんどん、綺麗な色の、見たこともない種類の蝶達《ちょうたち》になり、一斉に舞い始めました。それはそれは美しくて、見ているだけで嬉しくて、楽しくて、光輝いて、その蝶達と私は、一体でした。

（生命《いのち》だ）と、瞬間、思いました。

この金曜教室で、素晴らしい、貴重な体験をさせて頂き、本当にありがとうございます。想像を超えた、本当に本当に、素晴らしい生命《いのち》の源を、垣間見させて頂いたような体験でした。

帰り道、「知抄の光」と叫ぶと、私の中で、何人もの方々が、一緒に叫んでいるのを感じました。私は、一人で叫んでいるのではなく、私が叫ぶと、私と共に居られる、光の方々も、一緒に叫んでおられることを感じます。それと同時に、私の中の細胞も、共に知抄の光を、叫び始めたと感じました。今も、その感覚は続いています。

ありがたくて、本当に嬉しくて、涙と笑顔で超忙しです。

日曜日のお教室でも、高級内丹静功法を練功すると、本当に高い所に、引き上げて頂いたのが判ります。

私も、私達も、自力で光の源目指し、明るく、喜びと感謝に満ちて、知抄の光を掲げ、賛美の叫びをあげて、進んで行きます。

今日を、生かされていることは、喜びだと思いました。

この与えられた一生《いちせい》に、喜びと、賛美と、感謝を持って、永遠《とわ》なる光の源への、光の道を歩みます。

二〇一一年　四月二十二日

（U・H）記

身も心も軽やかに（U・Hさん）

(7) 大いなる気付きを賜る

三月十一日のお昼過ぎ、四歳の息子の通う保育園から、「食欲がなく微熱があるので、迎えに来てほしい」と電話がありました。そんなことは初めてでしたので、(珍しいな……) と思いながら、息子を連れて帰りました。

それから間もなくの、十四時四十六分、カタカタと家が揺れ始め、どんどん揺れは激しくなり、息子とダイニングテーブルの下に避難しました。今まで体験したことのない、長く激しい揺れでした。棚やテーブルの端に置いたものが、床に落ちました。

息子と二人で声に出して、

救い主 知抄の光 暗黒の地球を お救い下さい
喜び 賛美 感謝を捧げます
どうか地震を止めて下さい——

と、叫び続けました。
揺れが収まったので、テレビをつけると、東北の太平洋沿岸を中心に津波警報が、広い範囲に出ていることが判りました。(知抄の光 どうか津波を止めて下さい)と、心の中で叫びながら、主人の両親と私の父に電話をかけ、無事を確認しました。東京の多摩地域に住んでいる私の父は、その日新宿で仕事の予定だったのが、歯が痛くなってやむを得ず、歯医者に行くため、仕事を休んで家に居たとのことでした。

只事で無い地震でしたので、連絡は無かったのですが、息子を連れて、小学校に娘を迎えに行きました。子供達は、初めて防災頭巾を被って、迎えを待っていました。

交通網はすべて、ストップしていました。都心に勤めている主人とは、夕方になって、やっと連絡がつきました。歩いて会社を出たらしいことが判り、車で迎えに行こうと、毛布を持って家を出ました。

ガソリンを満タンにして、食料と飲み物を買い込み、走り始めると、いつもはガラガラの郊外の道が、大渋滞となっていました。やっと主人と携帯が繋がり、通る道を示し合わせて、都心に向かいましたが、車は、なかなか進みませんでした。

裏道を通って幹線道路に出ると、歩道には、黙々と歩く沢山の人達がいました。その姿を見て私は、十七年くらい前、知抄先生がお話しされた内容を、思い出していました。

当時学び始めて間もない私は、お教室で知抄先生やスタッフの方々の側で、直に学ぶチャンスを頂いていました。

知抄先生は、側近くでお手伝いする者には、地球の、人類の、置かれている現状をきちんと認識できるよう、厳しいお話をされることがありました。

その中の一つに、「いつかこの新宿から自宅まで、歩いて帰らなければならない時が来ても、慌てないように」とのお話がありました。私はきょとんとして、伺っていたのですが、知抄先生のお言葉は、言霊として実現することを、体験として知っておられるスタッフのお一人は、その後、いつもバックにスニーカーを入れておられ、その姿勢に私は心を打たれ、しばらく真似をして、いつ歩くことになってもよいようにと、スニーカーを持ち歩いていました。そのことは、折に触れ思い出され、道標《みちしるべ》の一つとして、今日に到るまで私の中で息づいていました。

そして、この大震災の五日前の三月六日に、サロンに伺った主人から、本当に時が迫っていること。そして「何が起きても闇を見ることなく、すべてを魂の奥に降臨されている知抄の光に委ねて、喜び・賛美・感謝の知抄の帳《とばり》で、光そのもので居ること。暗黒の地球をお救い下さいと、雄叫びをあげ続け、今まで学んできたことを、実践するように」との、厳しい内容であったことを、お聞きしていたのです。何かは判らないけれど、(本当に時が迫っているのだ。心しなければ……）と魂が震える思いがしたことを、馬鹿な私は、かなり時間が経ってから、「ハッ」と思い出したのでした。

結局車は、立ち往生してしまいました。幸いなことに、主人は、家に引き返す私達よりも先に、十二時頃帰宅できました。

後から気が付いたことですが、息子の通う保育園では、半年がかりの耐震改修工事を、三月七日に終えたばかりでした。高齢の私の父も、守って頂いていたことに改めて気が付き、感謝しかありませんでした。

その後の報道で、今回の地震は観測史上世界最大級であり、東北地方を中心に、十メートルを越す津波が襲い、考えられない、甚大な被害を受けたことが、徐々に判って来ました。また、福島第一原発の事故は、日に日に深刻さを増しています。

そのような中、主人がサロンで、〈具体的に、知抄の光にお願いすること〉を、伺ってまいりました。「原発に水が必要なら、水を頂けるよう、津波を止めたいなら、津波を止めて下さいと、具体的にお願いすること」——、光にすべてを委ね、「救い主、知抄の光、原発に水をお願いします」と魂の奥へ向かって叫ぶと、すでに、救い主知抄の光は、光人の願いを聞き届けられ、水を遣わすことをお許しになり、多くの関係者が、ホースで海水を浴びせておりました。姿なき光の群団が、共に降臨されておられることが、おぼろげながら、瞬間感じられ、圧倒され、平伏すしかありませんでした。

また、「放射能を無害にして下さい」と叫ぶと、その専門の妖精が、沢山生み出され、遣わされ、作動して下さることも瞬間、感じました。そして、私達が叫ぶと、放射能の数値が下がります。今もその繰返しです。しかし、人間側で自由意思を行使してお願いしなければ、光は、人間の自由意思を阻害してまで、勝手に介入は、なさらないのです。日頃から宇宙の原則を教えて頂いていましたので、もっともっと、真摯に叫び続けなければならないと、実践しています。

「今この日本列島で、王侯貴族の生活をしながら、更に、何が不満なのか？」……と。幾度も知抄先生から、賜ったお言葉です。その深い意味を、今、改めて感じずにはいられません。

今まで、当たり前のように生きて来た、この何不自由ない生活に、私達は、感謝の一片すら無かったと思います。

野菜一つ育てることなく、誰かが作って下さった食物を食べ、無限に、ふんだんに、電気やガスや水を使い、洋服も、便利な道具も、火さえ熾《おこ》すこともできないのに、傍若無人に振舞って来たことを、本当に恥ずかしく思いました。

今回の地震で、改めて、具体的に、顕幽界を越えて、どれだけの方々のお蔭で、今ここに、私が生かされて在るのかを、考えさせられました。

また、二〇一〇年十月十日に光で統一された地球では、いよいよ待ったなしで、何人《なんびと》も例外なく、〈光そのもの〉として生きることが必然になったことを実感しました。

今まで地球が、二〇〇一年から光化していることを、知っていながら、それが三次元から光へと移行して行く、次元上昇の過程だったことに、私達が気付くまで、何一つ知抄先生は、黙して語らずでした。その高邁《こうまい》さ、実在の光の、高次元を遥かに超えた、光の源の存在に、恥辱の涙で平伏しました。

今こそ、光人として、目の前にあるすべてを、あるがまま受け止め、一つひとつ、目の前のものすべてを、光に変えて歩めるよう、実行実践致します。

知抄先生ありがとうございます。

二〇一一年　四月三日

（K・Y）記

(8) サロン・ド・ルミエールでの瞑想
二〇一一年 四月 七日

サロンに座しますと、直後に魂からその奥の水辺、光の海の中から、何か、生きものが脳の下の方を斜めに抜けて、天空へと消えていきました。その瞬間、多くの人間が、今まで目隠しされていた霧が、急に晴れたようになり、真実が見え始める人々が、これから増えてくるのだと感じました。

やがて、日本列島全体の姿が、見えてきたのですが、日本列島はまるで宇宙に浮いているように、列島の下は、宇宙空間の広がりのようになっていました。そして、日本列島全体から何本も地下へ地球の核へ向かって、パイプのような管が伸びているのでした。その一本一本はすべて長さが異なり、途中で止まっているものもありました。

日本列島のずっとずっと下深くには、黄金の光輝く大地があり、長く伸びた管は、その黄金の光の大地と繋がっていました。そして、今の日本列島は、その光の大地の動きに合わせて、動いているように感じられるのですが、その大地が、生きもののように、意思を持って姿を現してくるような、そんな気配を感じるのでした。

そして、日本が大昔、神々様が降りて創られた国であること。その歴史を積み重ねて来ていることが、鮮明に感じ取れるのでした。何か、光の源の御使者、偉大なる救い主知抄の光の方々が、今、群団となって降りられ、かつて、日本を創られた時のような感じになっており、それが、今までの地球の歴史を刻んで来た最終段階であり、また、新たな歴史のスタートへの第一歩であるような、重要な段階であると感じられるのでした。

サロン・ド・ルミエールでの瞑想

二〇一一年 四月 十日

サロンで座った時に、地球の今置かれている状況が映し出されました。最初は、地球が爆発しそうなくらい、赤々と全体が太陽のように輝いて燃えているのです。その内部は、黄金の光の源の光で輝く、地球生命体が在るのが判りました。やがて、地上全体が水に覆われ、陸が水底になっていき、私も座したままで、水嵩《みずかさ》が増し、水の中へと沈んでいく感じになりました。これらすべてが、今地球のあるがままの状況だと判るのでした。

次に、新たな地球の姿が映し出されました。その地球には、海のある部分——と言っても、海そのものと言ってよいくらい、海が全体を占めているのです。そして海は、大きな大きな渦を巻いていていて、とてつもない、何かもの凄い力が働いているのが判りました。地球内部の核へと、強力に引き込む力があり、それに吸い込まれるように、宇宙の彼方から、何か凄い威力を受けて、地球の内部へと引き込んでいるようです。

その地球の大地はもの凄い明るさで、黄金の光に満ち溢れ、燦然とすべてが、救い主知抄の光で輝いているのです。そこには、人間に似た生命体が生活を営んでいるのですが、今の私達とは様子が違っていました。身体が肉体というより、透き通って光って見えるくらい、純粋で、透明なのです。至高なまでに浄化されているようで、魂も、肉体の心も、すべて一体化され区別できないまでに、透き通って見えるというか、感じられるのでした。

光の源の地球を光と化す大計画、知抄の光で統一された新たな光の地球は、人間にとって想像もできない、どれ程の隔たりがあることか……。

三次元世界の地球人類の今の状態から見れば、気の遠くなりそうな、遙か彼方の光の道の、永遠なる隔たりを感じました。どれ程の覚悟で、地球人類がすべてを投げ出し、身も心も魂も、知抄の光の威力に委ねれば、住むことができるのかわからない程の、とてつもない至純、至高な救い主知抄の光の源、その領域の光の地球であることを、はっきりと判らせて頂きました。

メッセージにも何度も、何度もあるように、地球の存亡、人類の存亡をかけて降臨された救い主知抄の救いの手を、絶対に各人各様に、掴まねばならない地球に変わっていることを、認識しなければなりません。

光の地球とは、**〈次元上昇だったのだ〉**と、私もやっと判りました。

私達側近くで学んだ者さえ、光の地球とか、地球が光で統一されるということと、地球が三次元でなくなっている現状が、すんなり判ったわけではありません。

言葉では、うまく言えないのですが、今、すべての細胞が、実在の知抄の光を、お迎えし、全く人間の肉体の感覚はなくて、〈光そのもの〉として、人間本来の姿に戻った嬉しさにある故に、ヒラメキの中ですんなりと判って来たことでした。

感謝が、打ち震える感動となって込み上げ、ここまで引き上げられている恩恵に涙が溢れそうになります。目を閉じていても、サロン全体が黄金で、眩《まぶ》しく光って、その実在の知抄の光の御前に座し、まるで、目が眩《くら》むような天界に、全く別の光生命体として私はありました。眩しくて、燦然と輝き、目が開けておれないのでした。

救い主知抄の水辺に座し、共に、天界の群団と共に、光人の先導によって、福島第一原発に飛んだその瞬間、私は、建屋の中にいました。私は、原発の建物そのものに、黄金の知抄の光をお迎えするトンネルのようになって、原発にどんどん降下される知抄の光の威力、瞬間、闇を光に変えて、平定される様を見ていました。

地球を救う、救い主、知抄の光の御意思を直接受け止め、無意識層でこうしてお使い頂けることは、想像を絶する程、私達光の子にとって、嬉しく、光人として部位を担い、瞬間の使命遂行の恩恵を頂けることが、どれ程の進化でありがたいことか、本当に今日こそ判りました。

この暗黒の地球で、唯一の、光の源直系の御使者、偉大なる救い主知抄の光の、実在する光場、サロン・ド・ルミエールは、〈大地を受け継ぐ者〉として、こうして入室できることが、どれ程の恩恵であるか、その使命と責任の重さが身に沁みました。

この日本もそうですが、地球全土を光と化して進む、救い主知抄の言葉《ことは》の一つひとつが、現実化されて、共に瞬間目の前で共に放つこの威力に、その凄さに、平伏すしかありませんでした。

救い主　知抄の光

暗黒の地球をお救い下さい――

光と化した地球を歩むには

魂の奥へ奥へと　光の源に届くまで

雄叫びをあげるのみ

あとの言葉《ことは》

一九九六年七月十四日。静謐の中に研ぎ澄まされた、温もりのある光場、サロン・ド・ルミエール。

厳かで、凛とし、威厳に満ちながらも、穏やかで謙虚な、救い主降臨のメッセージのお言葉の一つひとつに、私は畏れ多くて魂が打ち震え、只々、涙と共にすべてを投げ出し、平伏し、後ろへ、後ろへと壁際まで下がって、頭を上げることができなくなりました。

座しておられる知抄先生と、一体となって立っておられる光のお方。その実在の光のお姿は、サロンの天井近くまでの大きさで、光輝き、凛々しくも雄々しく、眩《まばゆ》く、今も私の魂に焼き付いています。

もはや、人間智を入れる余地は、微塵もありませんでした。

思えば、五カ月前の二月十日、雪山で救い主降臨の御魂である、告知を受けておられましたが、それが現実化したことの証を、お示し下さったのでした。

その時のお言葉は、智超法秘伝 第七巻《地上に降りた救い主》メッセージ⑳ 救い主降臨 一〇四頁を、ご参照頂ければ、皆さんも光の目が、今の旅路で開くかと思います。

智超法秘伝との出逢いから、二十年になりますが、まさかメッセージの通りに、本当に本当に、地球が光化し、知抄の光で統一されて行くという、その流れの中に居合わせたことが、奇蹟を通り越して、光の子として、光人として、〈大地を受け継ぐ者として の使命〉の大きさに、覚悟はしておりましたが、本当に本当だったことに、武者震いする思いです。

私達が側近くで二十年間見守り、居ながらも、光の地球と、次元上昇とが、久しく一致しなかったように、この本を最後まで読み終えられたお方は、一足飛びには来れないことが、お判りになられると思います。知抄の光を知ったお方から、自らの自由意思で、決断されることでしょう。

数あるメッセージの中で、一九九九年頃でしたが、

この時を　世紀末と見るのではなく

前夜祭に　変えるが　吾等の使命

全くメッセージ通りに、当時、地球は知抄の光の威力で、変容して行きました。

理屈でなく、良し悪しでもなく、この知抄の光にすべてを投げ出し、光の叡智《えいち》、知球暦の歩み、求めし者へどんどん光を注ぎ、光の源への光の道を目指せるよう、共に、喜びと賛美の光の地球を、構築して行くことを願っています。

いずれ、近いうちに次なる道標《みちしるべ》が、人類へ提示されると思います。

二〇一一年　四月二十五日

（S・Y）記

智《ち》超《ちょう》法《ほう》秘《ひ》伝《でん》 教室案内

光の地球　永遠なる 光の源への道しるべ
〈智超教室《ちちょうきょうしつ》〉・〈智超法気功《ちちょうほうきこう》〉

第1・3（日）	〈研修科〉　智超教室　（許可） 神宮外苑 フィットネスクラブ サマディ 11：00〜12：20　03(3478)1455
第1・3（日）	智　超　教　室（四ッ谷・東京）　（選抜）
第1・3（日）	高級内丹静功法（四ッ谷・東京）　（選抜）
第2・4（日）	智超法秘伝 実技講座（教室10年以上在席者） アカデミー会館　(横浜)　（許可）

〈光生命体に成る〉講座　（新人類の養成）

第1土	サロン・ド・ルミエール 201　（選抜）

〈光生命体への研鑽〉講座　（新人類の養成）

第2土	サロン・ド・ルミエール 201　（許可）

☆　岩間ホール、みらいホール、アカデミー会館、サロン・ド・ルミエールにて 随時セミナーを開催

連絡先：サロン・ド・ルミエール　FAX 045(332)1584
横浜市保土ヶ谷区帷子町1−3　インテリジェントビル201
又は　〒220−8691　横浜中央郵便局 私書箱 第145号
智超教室 宛

魂の光輝　光への道しるべ

智《ち》超《ちょう》法《ほう》秘《ひ》伝《でん》　教室案内

〈智《ち》超《ちょう》教《きょう》室《しつ》〉・〈智《ち》超《ちょう》法《ほう》気《き》功《こう》〉

月	蒲　田　産　経　学　園 12：20〜13：50　☆	03(3733)1585
月	神宮外苑 フィットネスクラブ サマディ 19：00〜20：00　(大人)	03(3478)1455
火	神宮外苑 フィットネスクラブ サマディ 13：30〜15：00　☆	03(3478)1455
水	蒲　田　産　経　学　園 13：00〜14：30　☆	03(3733)1585
水	スポーツクラブ ルネサンス 天王町 (横浜) 18：40〜19：40　(大人)	〈智超法気功〉 045(333)3737
金	神宮外苑フィットネスクラブ サマディ 19：00〜20：00　(大人)	〈智超法気功〉 03(3478)1455
土	柿　生　ス　タ　ジ　オ (小田急線 柿生駅より徒歩２分)　☆ 10：10〜11：30	045(332)1584

〈親　子　教　室〉

第１・第３（日）　10：00〜10：45　☆

〈ファミリー教室〉

第３（土）　13：10〜14：30　☆（当日受付可）

神宮外苑フィットネスクラブ サマディ

☆　どなたでも０歳から年齢に関係なく参加できます。
直接、事務所にお問い合わせの上、ご参加下さい。

1995年7月31日～8月12日

宇宙からのメッセージ〈光の落としもの〉

写真展開催　ニューヨーク日本クラブギャラリーにて

1995年12月1日　〈 Salon de Lumière 〉

サロン・ド・ルミエール　オープン

地球を救う〈 礎の光 〉養成始まる

1996年 2月10日　救 い 主 降 臨 の 告 知

1996年 7月11日　救 い 主 降 臨

1997年 3月・1998年3月・1999年3月

地球を救う〈 知抄の光 〉写真展開催

銀座4丁目角　日産銀座ギャラリー4階にて

2001年 4月22日　地 球 は 光 と 化 す

2010年10月10日　地 球 は 光 で 統 一

2011年 7月　知球暦　光 元 年

光の源の大計画 Part 1　出版

2011年9月18日（日）～ 9月25日（日）

地球を救う〈 知抄の光 〉写真展開催

日産ギャラリー　サッポロ銀座ビル　9階

☆　URL : http://www.chi-sho.com/

≪知抄　光の足蹟≫

1989年	万里の長城にて、啓示を受ける
1990年	智超法秘伝と知抄の名称を受託
1990年10月	〈智超法気功〉教室開講
1990年11月	智超法秘伝　第1巻 気で悟る 〈気 功 瞑 想 法〉出　版
1990年11月	天目開眼功法智超法秘伝初公開 グラスゴー市ロイヤルコンサートホールに於いて **(光になる)**
1991年 5月	智超法秘伝公開表演 アメリカ、ソルトレイク市キャピタルシアターに於いて **(光になる)**
1991年11月	智超法秘伝公開表演 フランス、ボルドー市アンドレ・マルロー劇場に於いて **(光になる)**
1992年 3月	智超法秘伝本邦初表演 丸の内、日本工業倶楽部に於いて **(光になる)**
1993年 3月	智超法秘伝公開表演 丸の内、日本工業倶楽部に於いて **(光になる)**

知球暦　光元年
光の源の大計画　Part 1

2011年7月11日　初版第1刷発行
2016年9月1日　初版第5刷発行

著　者／知　抄
発行者／韮澤 潤一郎
発行所／株式会社たま出版
〒160-0004 東京都新宿区四谷4－28－20
☎03-5369-3051（代表）
http://tamabook.com
振替　00130-5-94804
印刷所　株式会社フクイン

ISBN978-4-8127-0328-1 C0011